현실 없는 현실

REALITÄTSVERLUST : WIE KI UND VIRTUELLE WELTEN VON UNS BESITZ
ERGREIFEN UND DIE MENSCHLICHKEIT BEDROHEN BY JOACHIM BAUER
© 2023 Wilhelm Heyne Verlag, a division of Penguin Random House Verlagsgruppe
GmbH, München

Korean Translation © Bokbokseoga. Co., Ltd., 2024
All rights reserved.
The Korean language edition published by arrangement with Penguin Random House
Verlagsgruppe GmbH, Germany through MOMO Agency, Seoul.

이 책의 한국어판 저작권은 모모 에이전시를 통해 Penguin Random House
Verlagsgruppe GmbH 사와의 독점 계약으로 복복서가㈜에 있습니다.
저작권법에 의해 한국 내에서 보호를 받는 저작물이므로 무단전재와 무단복제를 금합니다.

현실 없는 현실

인공지능의 시대, 새로운 불안

REALITÄTS
VERLUST

요아힘 바우어
JOACHIM BAUER

김희상 옮김

복복서가

일러두기
1. 모든 각주는 옮긴이주다. 원주는 후주로 실었다.
2. 본문의 고딕체는 원서에서 이탤릭체로 강조한 것이다.

나의 두 손자 욜리 줄과 헨리
그리고 이 아이들이 커서 낳을 후손에게 바친다.

서 문

유용한 도구로 쓸 때 디지털 상품은 인생을 풍요롭게 만들 수 있다. 그러나 오히려 우리가 디지털의 도구가 되고 만다면? 우리는 이미 그 임계점을 넘어서고 있다.

디지털 상품이 우리 인생을 장악하기 시작했다. 디지털은 우리가 주목하지 못하는 사이에 슬그머니 우리 손을 이끌어 아날로그 현실, 인간과 인간이 맺는 관계의 현실을 그 커뮤니케이션 채널과 체험 공간으로 대체한다. 변화는 마치 도움인 것처럼 찾아온다. 더는 두 발로 걸을 수 없을 때까지 걷게 해주겠다고, 더는 생각할 필요가 없을 때까지 생각할 수 있게 도와주겠다고 한다.

'챗GPT' '바드' '달-E' '미드저니' 등의 디지털 상품이 가진 어마어마한 잠재력을 보며 사람들은 무어라 설명해야 좋을지 모를 경외심마저 품는다. 이런 기술의 호언장담에 혹한 숱한 소비자들은 장밋빛 미래를 철석같이 믿는다. 이 믿음은 독일 학계와 학술위원회까지 사로잡았다. 동시에 '트랜스휴머니즘'이 꾸며 들려주는 이야기, 곧 디지털 신화는 현실과 가상 사이의 경계를 흐려놓는다.

현실을 가상의 시뮬레이션으로 대체하는 배후에서는 권력과 비즈니스가 바삐 계산기를 두드리며 손익을 따져댄다. 현실에 충실하려는 자세야말로 인간다움을 지켜낼 전제조건이다. 이 책으로 나는 마치 최면이라도 거는 것처럼 우리를 미성숙함으로 퇴행시키려는 디지털화 과정, 계몽이 우리의 손을 이끌어 빠져나오게 한 미몽으로 다시 되돌려놓으려는 과정에 맞서 싸울 의지를 다지고자 한다.

2023년 봄, 베를린

차례

서문 —7

1장
새로운 중세: 디지털 신화와 21세기의 퇴행 —11

2장
현실로 돌아가야 한다 —31

3장
디지털 중독과 현실감 상실 —67

4장
새로운 종교, 트랜스휴머니즘 —131

5장
인공지능 vs. 인간의 두뇌 —153

6장
디지털 나르시시즘, 자존감, 아바타 —183

7장
인간성을 방어하라:
건강한 자아를 위한 새로운 심리학 —207

감사의 말 —233
참고문헌 —235
주 —247

1장

새로운 중세:
디지털 신화와
21세기의 퇴행

잠깐 현실에서 벗어나는 일탈이야 인생은 대개 용서한다. 몸은 여기 있지만 정신이 '다른 곳'에 잠깐 한눈을 파는 일은 심각할 것 없는 소소한 현실감 상실이다. 이런 현상은 누구나 익히 안다. 현실이 따분하다거나 삭막해서 짜증이 날 때 이런 현상이 자주 일어난다. 또는 주변의 지나친 요구가 부담스러울 때나 아픔을 안길 때도 마찬가지다. 정신의 부재는 다양한 형태로 나타나며, 그 심각함의 정도도 제각각이다. 우리는 '있으면서' 동시에 얼마든지 '없을 수 있다'. 아이들은 이런 일을 드물지 않게 겪는다. 부모나 다른 어른에게 말을 걸었는데 '다른 생각에 빠져'(이를테면 스마트폰에 정신이 팔려) 아무 반응이 없는 어른을 보며 아이들은 상처받는다. 몸과 마음이 따로 노는 경향은 당사자가 처한 현실과 밀접한 관련이 있다. 부유한 부모 덕에 풍요롭게 지내는 아동과 청소년은 일반적으로 집중력도 뛰어나기 마련이다. 아이가 돌연 집중하지 못하고 다른 데 정신이 팔린 것처럼 보이면 우리는 본능적으로 아이에게 뭔가 이상이 생겼음을 감지한다. 부담이 심해 현실로부터 빠져나갈 길을 찾는 것이리라는 짐작은 전적으로 옳은 판단이다. 청소년과 어른의 경우도 마찬가지다.[1]

'몸과 마음이 따로 논다' 해도 대개 무탈하게 넘어가기는 한다. 하지만 엄청난 피해를 부르는 경우도 드물지 않게 일어난다. 첫번째 현실감 상실은 두번째를 부르며, 그 심각함의 정도는 갈수록 커진다. 몇 년 전 철도 운행 감독관이 새벽 4~5시에 야간 근무의 지루함을 견디다 못해 잠시 한눈을 팔았다가 빚어진 엄청난 사고가 그 두드러진 예다. 야간 근무를 해야 하는 직장인이라면 밤을 꼴딱 새운다는 게 얼마나 어려운 일인지 잘 안다. 열차 운행 상황을 실시간으로 보여주는 모니터를 주시하다가 따분해진 운행 감독관은 스마트폰으로 동영상을 즐기기 시작했다. 이 첫번째, 이른바 '내면의 현실감 상실' 또는 '현실을 등한시한 인격'은 두번째 치명적 현실 상실, '외적인 실제 사고'를 부르고 말았다. 두 열차가 정면충돌한 사고는 열두 명의 목숨을 앗아갔다.[2] 이 끔찍한 사고는 서구사회가 어떤 방향으로 나아가고 있는지 상징처럼 보여주는 사건이다. 어떤 무서운 결과를 불러올지 가늠이 안 된다는 점에서 상황은 심각하기만 하다. 언제나 그랬듯 이런 발달 방향을 선도하는 국가는 미국이다. 폭발적으로 늘어나는 마약류 소비, 갈수록 광포해지는 폭력성, 도무지 이해할 수 없는 비합리적 정치 상황은 그만큼 미국인들이 현실의 삶을 감당하기 힘들어 두려움에 사로잡히고 있다는 방증이다.

독일도 크게 다르지 않다. 여러 학술 연구가 보여주듯 독일 국민, 특히 젊은 세대는 다양한 이유로 현실을 갈수록 힘겨워한다. 많은 젊은이가 아예 현실에 등을 돌리고 인터넷 가상공간, 이른바 '소셜미디어', 온라인 스트리밍, 그마저 시들해지면 '메타버스'에 빠져든다. 이런 추세가 어떤 결과를 불러올지는 불 보듯 뻔하다. 인간 냄새가 나는 현실세계를 지켜주고 그 생태를 구해줄 사람의 손길은 턱없이 부족해진다. 물론 기후 보호를 외치는 운동가가 세간의 이목을 사로잡기는 하지만, 이들은 젊은 세대의 극히 일부에 지나지 않는다. 디지털 혁명을 선도해 막대한 돈을 버는 첨단기술 기업의 최고경영진은 현실세계가 이미 구조 불가능할 정도로 망가졌다고 주장한다. 바꿔 말해서 모든 힘을 동원해 현실세계를 되살리려는 노력은 디지털·미디어 기업에 별 이득을 가져다주지 않는다. 평범한 시민, 특히 젊은 층의 생각을 지난 20년 동안 강력하게 주물러온 영화, 이를테면 〈매트릭스〉〈레디 플레이어 원〉〈아바타〉 등의 SF영화가 이런 치명적인 흐름을 이끌어왔다. 책들도 마찬가지다. 현실을 쓰레기 더미 또는 종말론적 막장으로 그려내며 남은 선택은 가상세계로 이주하는 것일 뿐이라고 강변하는 소설이 앞다퉈 쏟아져나온 것을 보라.

레이 커즈와일 같은 최고 경영자, 닉 보스트롬이나 데이비드 차머스[3] 등의 철학자, 오늘날 강력한 영향력을 자랑하는 유발 하라리 같은 사상가는 인간을 기술로 '개선'('증강 enhancement') 하는 일이 꼭 필요하다고 주장한다. 이들은 인간의 몸을 기계로 간주하곤 언젠가는 디지털로 조종하고 대체할 수 있으리라고 낙관한다. 이들이 보는 미래는 꾸며진 세계, 곧 가상세계다. 현실세계라는 것도 어차피 저 높은 어딘가의 뜻에 따라 조종되니, 이는 근심할 일이 아니라고 한다. 아무튼 데이비드 차머스를 비롯한 이들은 이렇게 주장한다. 이런 생각 탓에 현실감 상실은 완전히 새로운 차원에서 길을 열어나간다. 그리 머지않은 미래에 우리 인간은 의식을 컴퓨터에 '업로드'해 불멸의 영생을 누릴 수 있을 거라는 희망찬 전망도 있다. 농담이 아니다, 이들은 정말로 진지하게 이런 이야기를 늘어놓는다. 이런 디지털 신화의 배후에서는 경제와 정치가 이해득실을 따진다. 목표는 대중의 지갑을 열게 만들고, 정치적으로 조종하는 것이다. 역사적으로 볼 때 피안 운운하며 영생을 약속해주고 돈을 받아 챙기는 수법은 놀라울 정도로 잘 그리고 오랫동안 통해온 꼼수다. 유럽의 중세는 대략 천 년 가까이 지속했다. 두각을 드러내는 디지털 신화는 중세의 신비주의와 섬뜩할 정도로 닮았다. 중세시대에 신비주의가 그랬던 것처럼 디지털 기술은 오늘날 우리 인간의 근원적인 '휴머니티', 곧 인간다움을 위협한다. 이 책은 이 위협의 정체를 밝히고자 한다.

중세의 신비주의

중세 유럽인들은 빈곤에 시달리며 고된 현실을 근근이 살았다. 당시 유럽인 대부분은 귀족과 수도원이 요구하는 공납 할당량을 채우기 위해 피땀 흘려가며 일해야 했다. 부당함에 대항할 권리도 힘도 없었다. 중세는 고된 노동을 강요하며, "눈물의 계곡"이라 불린 이승의 현실세계와 나란히 있는 '다른 곳', 곧 피안의 세계에서는 자유롭고 행복하며 영원히 살 수 있다는 약속으로 사람들을 구슬렸다. 이런 구원의 약속은 무엇보다도 불사의 영생을 강조했다. 이런 이야기는 사회 구석구석까지 잘 전파

해주는 매체가 있어야만 효과를 발휘한다. 중세에서 이런 미디어 인프라는 교회였다. 교회는 중세 사회를 장악한 막강한 조직이었을 뿐만 아니라, 웅장한 성당과 예배당이라는 아주 구체적인 형태로 군림했다. 교회는 당시의 '공공 공간'이었다. 일주일에 최소 한 번에서 많게는 여러 번 신도들은 예배와 기도 시간에 저승에 구원이 있다는 핵심 메시지를 귀에 못이 박히게 들었으며, 집에서 기도로 같은 이야기를 반복해 읊조리며 외우다시피 했다. 오늘날 우리가 쓰는 '디지털 단말기'에 빗대자면, 당시 이런 '단말기' 노릇을 한 것은 구슬을 꿰어 만든 묵주 또는 골방 벽에 걸어놓은 십자가와 성모 마리아 그림이었다. 조금 형편이 나은 사람은 아예 집안에 작은 제단을 만들었다. 메시지를 전파하는 미디어로서 특히 중요한 역할을 한 것은 알록달록한 스테인드글라스로 천국을 묘사한 교회 창문이다.

중세의 평민은 문맹이었다. 오늘날 젊은 세대의 문해력이 점점 떨어진다는 사실은 충격적이기만 하다. 글을 읽을 줄 몰랐던 중세 평민은 글 대신 그림으로 교회의 설교를 이해했다. 성직자의 설교와 말씀 안에 담긴 천국 이야기는 그림으로 묘사되어야 최적의 효과를 발휘했다. 고딕 양식 교회의 커다란 창문은 보는 것만으로도 압도당하는 분위기를 빚어냈다. 스테인드글라스에 그려진 피안 세계는 죽음 뒤에 실제로 천국이 기다리고 있을 것이라는 믿음을 부추겼다. 여기에 더해 웅장한 파이프오르간 연주, 제단, 죽어 하늘에 오르는 신도를 저 천상에서 기다린다는 성자의 조각상이 더없이 신비한 분위기를 연출했다. 천국 이야기가 발휘하는 힘과 이를 전파하는 매체는 사회를 원하는 방향으로 일사불란하게 이끌었다. 귀족 또는 성직자에게 저항하지 않아야 할 뿐만 아니라, 천국의 약속에 맞춤한 돈을 내야 한다는 요구가 그 방향이다. 종교를 중세의 '게임', 곧 기득권층의 놀이에 빗댄다면 면죄부 거래는 온라인 게임과 메타버스의 시대인 오늘날 이른바 '게임 내 구매' 또는 '앱 내 구매'에 견줄 수 있다. 우리는 어떻게든 천국에 가고자 지갑을 연다. 중세와 오늘날의 특히 두드러지며 씁쓸한 여운을 남기는 유사점은 데이터 관리 및 처리와 이로써 빚어지는 감시·감독 가능성이다. 중세에는 고해성사로 사생활을 공개하지 않는 사람은 천국에 못 간다는 비난에 시달렸다. 베를린의 철학자 한병철이 스마트폰을 "모바일 고해소"라 부른 표현은 문제의 핵심을 정확히 짚었다.[4]

  1789년 7월 14일에 이르러 비로소 중세의 유령은 결정타를 맞았다. 이 날짜로 기념되는 프랑스혁명은 계몽의 시대를 상징한다. 사실 계몽이라는 역사 과정은 혁명에 앞서 이미 오래전에 이탈리아의 르네상스와 마르틴 루터의 종교개혁으로 물꼬를

텼으나, 이후로도 오랫동안, 심지어 오늘날까지 확실하게 완수되지 못했다. 중세와 계몽의 의미를 두고 지금껏 숱한 논란이 벌어졌으며, 이를 주제로 다룬 글도 많다. 하지만 거의 주목 받지 못한 측면이 하나 있다. 계몽은 현실감 획득을 뜻한다. 중세의 주된 특징은 현실 외면, 곧 당시 사람들이 피할 수 없이 감당해야만 했던 현실의 부정이었다. 중세에서 평민으로 살아가는 것이 어떤 느낌인지 오늘날 우리는 근접하게라도 상상하기 힘들다. 하지만 지금 여기에서 최소한의 것으로 근근이 버티느라 등이 휠 것 같은 삶의 무게에 짓눌린 나머지 중세인들이 얼마나 간절히 천국을 꿈꾸었을지, 그 정신적 열망은 충분히 짐작이 가고도 남는다. 당시에 많은 수가 '저 어딘가 다른 곳의 삶'에 말 그대로 매달리다시피 한 것을 두고 잘못이라고 손가락질할 수 없다는 점은 당시 기독교의 여러 신비주의자, 이를테면 힐데가르트 폰 빙엔, 특히 마이스터 에크하르트, 아빌라의 테레사 등이 잘 보여준다. 신비에 매달리는 태도로 현실을 되도록 회피하려 했다는 점은 곧 현실을 그만큼 미화해 보았음을 뜻한다. 다시 말해서 그럴싸하게 꾸며진 현실을 그저 감내하려는 태도, 물론 개인에 따라 정도의 차이는 있지만 참고 견디는 태도는 피할 수 없는 선택이었다. 피안이라는 중세의 마법에 맞서 계몽은 현실의 승리다. 그 어떤 꾸밈도 인정하지 않고 냉철하게 현실세계를 바라보자는 거부할 수 없는 요구로서 계몽은 중세에 대한 충격요법 같은 것이기도 했다.

계몽은 현실감을 회복해 있는 그대로 세상을 바라볼 수 있게 해줌으로써 수백 년에 걸쳐 인간이 무엇을 보지 못했는지 일깨워주었다. 나아가 계몽은 인간의 본성상 평민과 귀족·성직자 엘리트층이 서로 다르지 않다는 점, 모든 인간이 동등하다는 점을 가려볼 수 있게 해주었다. 모든 개인은 누구나 소중한 존재이지, 영웅과 성자에게 봉사하는 졸개로 간주해서는 안 된다는 점을 계몽은 깨우쳐주었다. 현실의 삶을 하찮게 보라는 요구를 감수하고 피안을 우러르며 위로를 구하는 대신, 인간은 서로 연대하며 운명을 스스로 감당하려 노력하면서 현실세계의 곤궁함을 직시하고 더 나은 세상, 살 만한 가치를 가진 세계로 바꾸려 힘을 모아야 한다는 깨달음 역시 계몽이 베푼 선물이다. 물론 이런 혁명적 변화를 위해서는 달콤한 이야기가 주는 위안에 빠져 '어딘가 다른 곳'에 기대는, 시대를 막론한 인간의 성향을 떨쳐내려는 자세가 필요하다. 이런 각성을 위해 우리는 현재에 충실한 정신으로 돌아가야 한다. 용기 있게 감언이설을 떨치고 이성을 회복해 현실을 냉철하게 바라볼 수 있어야만 한다.[5]

더이상 스스로 생각할
필요가 없을 때까지

오늘날 서구사회가 디지털 상품의 영향 탓에 계몽으로 이룩한 성취 이전으로 퇴행하고 있다는 조짐은 이곳저곳에서 드러난다. 그리고 그 심각성은 결코 무시할 수 없는 수준이다. 일단 스마트폰은 정신을 현재에 온전히 집중하지 못하는 경향을 빚어낸다. 누군가와 또는 여러 사람과 함께 있으면서 정신을 다른 곳에 파는 일이 심심찮게 벌어진다. 못마땅하기만 한 자신의 현주소, 내세울 게 별로 없는 실상을, 디지털 기술의 자기 연출 기법과 소위 '인플루언서'의 조언에 따라 완전히 다른 인물로 변모해 소셜미디어 계정 안에서 보상받으려는 심리는 현실을 소셜미디어 속 연출된 가상으로 대체한다. 더욱 심각한 사실은 갈수록 더 많은 이용자, 특히 아동이 매일 동영상에 빠져, 그것도 밤늦게까지 몇 시간이고 가상세계에서 헤어나올 줄 모른다는 점이다. 관련 학술 연구는 이처럼 동영상에 빠지는 주된 동기가 지루하거나 버겁기만 한 현실로부터 도피하려는 심리라고 확인해 준다. 게임 중독자는 '현실도피주의$_{escapism}$'('to escape', 곧 도망간다는 의미다)에 사로잡혀 계속해서 지갑을 연다. 이들은 게임에 심긴 함정을 피하려 '게임 내 구매' 버튼을 누른다. 이런 행태는 천국에 오를 수 있다는 기대로 면죄부를 사는 행동과 매우 흡사하다. 갈수록 정교하고 화려해지는 게임은 급기야 이른바 '메타버스'라는 차원으로 올라섰다. 디지털 대기업이 그리는 그림대로 간다면 앞으로 일과 여가와 사회 교류를 포함한 삶 전체가 이 가상공간에서 이루어진다.

디지털 기술은 서두르지 않고 작은 발걸음으로 착착 현실감을 잃게 만든다. 은근하게 암시를 흘려가며, 너무 깊은 함정을 파서 충격을 주지 않도록 유념하면서 디지털 상품으로 편리함을 즐길 수 있다고 유혹한다. 건강한 사람을 도와 더는 스스로 걷지 않아도 될 때까지 걷게 도와준단다. 최근에 등장한 그 좋은 예는 '챗GPT'나 '바드' 같은 챗봇이다. 인터넷에서 무수히 많은 텍스트를 무작위로 취합해 훈련한 이 이른바 '인공지능'은 전문가도 뭐가 뭔지 알 수 없는 방식으로 텍스트의 내용을 조합해낸다(5장 참조). 제작자조차 그 정확한 작동방식을 알기 힘든 인공지능 신경망은 (그동안 가입한) 수억 명의 이용자가 질문할 때마다 데이터를 조합해가며 원하는 답을 제시한다. 문제는 그 답이 무슨 자료로 어떻게 도출된 것인지 검증할 수 없다는 점이다. 더욱이 그게 진짜 맞는 답인지조차 확실하지 않다. 인공지능이 아동 교육, 대학교, 의학, 행정, 경찰, 사법, 군사 등의 분야에서 인간을 대신할 거라고 한다. 건강한 사람을 도와 더는 생각할 필요가 없을 때까지 생각을 대신해주겠다는 것이다. 친근하고 친절한 미소를 앞세운 이런 유혹은 최면을 걸듯 현실 의식과 인지를 방해한다. 이로써 우리는 현실감을 상실하고 만다. 이 책은 디지털화가 획책하는 현재와 현실의 상실을 문제시하고 이런 최면이 불러올 심각한 후유증이 무엇일지 그려봄으로써 이 최면에 마침표를 찍고자 한다.

디지털 신비주의의 완성형: 트랜스휴머니즘

앞서 살펴본 현상이 중세의 신비주의와 디지털 신비주의 사이의 유사점을 확인해주기에는 아직 부족할 수 있다. 그러나 이런 유사점이 품은 위중한 함의는 '트랜스휴머니즘'이 등장하는 순간 더는 흘려볼 수 없이 분명해진다. 기술에 거는 믿음을 이상처럼 떠받드는 운동인 트랜스휴머니즘의 추종자 가운데 몇몇은 지구상에서 최고의 부와 막강한 영향력을 자랑한다. 앞으로 더 자세히 살펴보겠지만, 트랜스휴머니즘은 인간을 생체 기계로 간주한다. 간단히 말해서 물리와 화학의 법칙을 따르는 알고리즘으로 컴퓨터가 조종할 수 있는 기계가 사람의 몸인 것이다. 트랜스휴머니즘은 인류의 미래를 기술적인 '개선'('증강')이 열어줄 수 있다고 본다. 인간의 몸을 기술로 제어해 마침내 몸과 정신을 완전히 떼어놓는다는 것이다. 물론 이런 기술은 슈퍼 인공지능이 구사한다. 몸과 마찬가지로 정신 역시 기술로 조종된다. 신경세포 대신 칩을 이식하는 것이 그 비결이다. 인간 정신이 일종의 컴퓨터 프로그램이 되는 셈이다. 정신을 컴퓨터에 올려 저장해두는 프로세스를 '정신 업로드Mind uploading'라고 부른다. 이 업로드로 인간의 의식이 컴퓨터로 전송된다. 말하자면 영혼은 말을 갈아타듯 몸에서 컴퓨터로 옮아간다. 정신 업로드로 인간은 불멸의 영생을 얻는다. 물론 컴퓨터로 전송된 정신, 곧 컴퓨터로 시뮬레이션되는 정신 역시 환경을 필요로 한다. 그래서 트랜스휴머니즘을 주장하는 사람들은 더는 구조할 수 없는 현실세계 대신 디지털로 꾸며진 대체 세계가 환경 노릇을 해야 한다고 본다. 이렇게 꾸며진 가상세계에 피안이 빠질 수는 없다. 이 디지털 피안은 '지상 위의 천국'이 아니라, '컴퓨터 안의 천국'이다.

 트랜스휴머니즘의 신도는 앞서 이미 이름을 거명했듯 레이 커즈와일(구글·알파벳의 기술 개발 책임자), 첨단기술 대기업의 대표들, 옥스퍼드의 닉 보스트롬과 뉴욕의 데이비드 차머스 등 이름깨나 알려진 철학자, 이스라엘 역사학자 유발 하라리 등이다. 현재 미국에서 가장 주목받는 철학자 데이비드 차머스는 이렇게 말했다. "컴퓨터의 디지털 시스템으로 두뇌를 시뮬레이션하는 일은 얼마든지 가능하다. (…) 그러면 디지털 시스템이 의식을 가지지 말아야 할 합당한 이유는 없다."[6] 트랜스휴머니즘의 대변인들은 현실 지구의 미래를 인정하지 않는다. 이들이 거의 모두 영미권 출신이라는 점, 곧 강자의 권리만을 강조할 뿐 환경의 보존도 공정한 사회도 그리 중시하지 않는 경제체제 출신이라는 점에 비추어 트랜스휴머니즘의 이런 입장은 그리 놀랍지 않다.

이른바 '포스트 아포칼립스', 곧 종말론에 더해 종말 이후의 세계를 그려내는 관점은 이미 오래전부터 SF문학으로 꾸준히 등장해왔다. 이를테면 작가 필립 K. 딕이 1968년에 발표한 소설 『안드로이드는 전기 양의 꿈을 꾸는가?』는 세계대전이 끝난 뒤 방사능으로 뒤덮인 환경에서 인류의 유전자를 보존하고자 만들어진 안드로이드가 외려 반란을 일으키는 상황을 그린 작품으로, 1982년 영화감독 리들리 스콧이 〈블레이드 러너〉라는 제목으로 영화화하기도 했다. 비슷한 문제의식을 담은 새로운 소설과 영화는 최근에도 꾸준히 발표되었다. 앞서 이미 언급했던 스티븐 스필버그의 〈레디 플레이어 원〉(2018), 크리스티나 부오지테와 브루노 삼페르의 〈베스퍼〉(2022), 제임스 캐머런의 〈아바타〉(2022) 등은 모두 종말 이후의 세계, 황폐해진 현실을 다룬다. 이런 종류의 묘사는 굳게 믿으면 실제로 그런 일이 일어난다는 '자기 충족적 예언'*의 잠재력을 자랑한다. 데이비드 차머스 역시 초기 기독교도들처럼 종말이 임박했다고 주장한다. "그때는 2095년이다. 지구는 핵전쟁과 기후변화로 초토화해서 폐허가 된다. 여러분은 이 폐허에서 약탈을 일삼는 무리와 맞닥뜨리지 않고 지뢰를 피하려 안간힘을 쓰면서 오로지 생존하겠다는 열망으로 힘겹게 살아갈 수밖에 없다. 또는 안전장치가 잘된 창고에 몸을 가두고 가상세계로 들어가 살 수도 있다."[7]

내가 디지털 신비주의라 부른 현상은 중세의 교회와 귀족이 퍼뜨렸던 것과 매우 흡사한 시나리오를 전파한다. 현세를 살아가며 우리가 겪는 곤궁함은 좀체 피하기 힘들다. 이런 어려움 탓에 우리는 지구의 문제를 힘을 모아 풀어가려 노력하는 대신, 현실을 잠시나마 잊고 마음 편히 살게 해주겠다는 유혹에 솔깃해진다. 그러나 다시금 새겨보자. 두 발로 걸을 수 없을 때까지 걷게 도와주겠다고? 더는 생각할 수 없을 때까지 대신 생각해준다고? 디지털 단말기와 시뮬레이션된 세상은 민중의 아편이다. 현실의 어려움으로부터 구원해주겠다는 유혹은 냉철한 정신,

---

* '어떤 일이 발생한다고 예측하거나 기대할 때 실제로 그런 일이 일어난다'는 사회심리학 개념으로, 미국 사회학자 윌리엄 아이작 토머스(William Issac Thomas)가 주창했다.

내가 도입부에서 '정신의 현재'라 부른 또렷한 정신을 마비시키는 마약에 지나지 않는다. 마약은 현실을 가리고, 저 피안의 세계나 약속하는 허튼소리에 매달리게 만든다.

당시든 오늘날이든 이런 연출이 노리는 핵심은 금전적 착취이다. 중세에 교회는 천상의 피안이라는 구원의 약속이 현실의 아픔을 잊게 해주는 달콤한 효과로 면죄부를 팔면서 이런 부도덕한 갈취를 한사코 숨기려 했다. 오늘날 갈취의 도구는 스마트폰과 게임 콘솔이며, 뒤이어 메타버스도 한몫할 모양이다. 현실의 아픔을 잊게 해주는 이 진통제는 데이터의 엄청난 소비를 유도하면서 뒤로는 돈을 빼간다. 사회의 일부 구성원들, 무엇보다도 미래 문제의 해결과 극복을 위해 꼭 필요한 인력으로 육성되어 활동해야 할 젊은이들은 매일 몇 시간이고 소셜네트워크에서 아무 의미 없는 커뮤니케이션에 매달리거나 가상공간에서 게임을 즐긴다. 이런 현상이 심각한 이유는 간단하다. 문해맹이 갈수록 늘어나기 때문이다. 글자만 읽을 뿐 글이 무슨 내용인지 이해하지 못하는 문해맹의 증가는 사회에 꼭 필요한 사람이 그만큼 부족해짐을 뜻한다. 사회로부터 소외당한다는 느낌으로 힘들어하는 사람이 늘어날 수밖에 없다. 이런 시나리오에 제동을 걸지 않는다면, 우리는 계몽 이전으로 되돌아갈 수밖에 없다.

중세 신비주의와 디지털 신비주의의 놀라운 유사성

	중세 신비주의(교회)	디지털 신비주의 (첨단 기술 기업, 트랜스휴머니즘)
접근성	유비쿼터스*: 교회 인프라	유비쿼터스: 월드와이드웹
매체	교회 공간, 창문, 파이프오르간으로 압도적 분위기 연출	기술 효과, 가상세계를 환상적으로 보여주며 압도적 분위기 연출
메시지	권력에 순종해라, 참고 견뎌라, 자신의 욕구와 싸워라, 기독교인의 덕성을 키워 자존감을 높여라	유행을 따르라, 사회의 기대(예를 들어 인플루언서의 기대)에 맞춰라, 늘 다른 사람과 비교하라, 온라인 게임으로 자존감을 높여라, 절대로 지지 않겠다고 투지를 다져라
타고난 몸을 경멸하기	몸은 욕구와 성욕의 주범이다	몸은 감정과 질병을 일으키며, 죽을 수밖에 없는 유한한 것이다
약속	굳은 믿음이 건강을 지켜준다, 병은 벌이다, 구원으로 천당에서 영생을 누려라	'인간 증강'으로 병과 노화에서 해방되자, '정신 업로드'로 영생을 누리자
금전적 갈취	면죄부	게임과 메타버스에서 '게임 내 구매', 게임 구매 비용
통제	고해성사로 개인 정보 훔치기	데이터 유출로 개인 정보 훔치기
자기 검열	"뭘 숨기냐, 신이 어차피 모두 보는데."	"뭘 숨기냐, 기업이 어차피 모두 보는데."
주물숭배, 꼭두각시 인형을 조종하는 보이지 않는 끈	묵주, 휴대용 십자가, 기도	디지털 단말기, 앱, 소셜미디어, 동영상

* Ubiquitous. 때와 장소에 상관없이 자유롭게 접속할 수 있음을 뜻하는 정보통신 용어이다.

주요 인물과 숭배 대상		현세: 교황, 추기경, 주교, 귀족 피안: 성경에 나오는 인물, 성자	현세: 첨단기술 기업 대표(마크 저커버그, 일론 머스크), IT 전문가(레이 커즈와일, 샘 올트먼), 철학자(닉 보스트롬, 데이비드 차머스, 유발 하라리) 피안: SF 소설, 영화, 동영상의 '영웅'
권력의 야합		교회와 정부의 협력, 카이저와 교황, 교회의 실력자이자 세속의 귀족인 주교	첨단 기술 기업과 정보부, 독재자의 협력(예: 페이스북과 도널드 트럼프 또는 보리스 존슨)
냉철한 정신(정신의 현재)과 현실 지각에 미치는 영향		현재 상실, 천국 꿈꾸기, 현실감 상실, 견딜 수 없는 현실을 사후의 더 나은 삶을 바라는 희망으로 비틀어 해석하기	현재 상실, 끊임없이 '다른 데' 한눈팔기, 가상세계로 도피함으로써 현실세계를 회피하기(현실도피주의), 가상의 피안에서 영원히 살 수 있다고 믿음

2장

현실로
돌아가야 한다

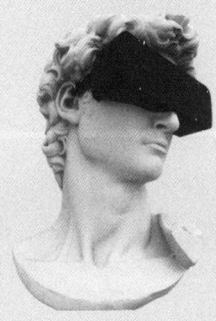

"인간은 많은 것이 없이도 그럭저럭 지낼 수 있지만,
더불어 사는 인간 없이는 존재할 수 없다."

카를 루트비히 뵈르네(1786~1837)

인류는 깊은 불안에 사로잡히고 말았다. 자신이 대체 누구인가 하는 확신을 더는 가질 수 없게 되었기 때문이다. 디지털 기기와 인공지능으로 촉발된 무의식적인 불안 가운데 하나는 도대체 인간이 왜 이 세상에 존재해야 하는지 그 답을 스스로 찾아야 한다는 절박함 탓에 생겨난다. 인공지능은 먼저 세계 최고의 체스 선수를, 다음에는 세계 최고의 바둑 기사를 잇달아 물리쳤다. '생성형 인공지능Generative AI'은 우리가 입력하는 막대한 양의 자료를 가지고 그림, 영상, 텍스트를 자유자재로 만들어낸다(5장 참조). 인간과 인공지능의 끊임없는 비교, 디지털 세계의 의심할 바 없이 기적적인 발전을 찬탄하는 찬양의 목소리는 우리 인간이라는 종이 언젠가 폐기되는 게 아닐까 하는 무의식적인 두려움을 바탕에 깔았다. 인공지능으로 인해 직업을 잃는 게 아닐까 하는 두려움은 실제로 커져가고 있다.

인간이라는 종은 인공신경 네트워크를 자랑하는 디지털 기계보다 더 뛰어난 저장 능력이나 계산 능력을 보여주어야만 존재할 권리를 가질까? 체스나 바둑을 두며 컴퓨터에 패배하지 않아야만 사람이 인간 구실을 하는 건 아니지 않을까? 이런 두려움이 갈수록 더 널리 퍼지고 있다는 진단은 정신분석학만 내놓는 게 아니다. 인공지능 시스템 탓에 인간 종의 존재 근거가 뿌리째 흔들린다는 주장은 트랜스휴머니즘의 유명한 대변인 입에서 이미 오래전부터 익히 들어온 것이다(4장 참조). 우리는 자신이 '인공지능보다 못한 존재'라고 생각하는 것을 넘어 그렇게 믿어야 한다. 이런 것이 디지털 신비주의다. 같은 특성을 가진 두 개의 상품 가운데 성능이 뒤처지는 쪽을 폐기해야 한다는 주장은 논리적으로 들린다.[8] 그러나 이런 논리는 전제부터 틀렸다. 인간과 인공지능은 서로 비교될 '상품'이 아닐뿐더러, 비교되어서도 안 된다.

인간과 인공지능의 차이점: 인간의 고유한 세계 관심

　인간은 '고유한 세계 관심'을 타고난다. 이런 관심은 인간의 내면에서 우러나는 본성이다. 세상에 태어날 때 이미 인간은 자신과 같은 모습을 한 존재에게, 자연이라는 주변 환경에 관심을 가진다. 컴퓨터는 인공 신경 네트워크를 갖추었다 할지라도 이런 선천적인 세계 관심을 가지지 않는다. 컴퓨터끼리도 서로 관심을 가지지 않는데, 무슨 자발적인 세계 관심을 가지겠는가. 컴퓨터는 그저 훈련받은 대로 주어진 과제를 해결할 따름이다. 물론 이런 일을 인간보다 훨씬 더 잘하기는 한다. 세계 관심의 출발점이자 원천은 인간의 몸이다. 몸은 감정의 집일 뿐 아니라 무엇보다 지성을 키울 기초이다. 몸은 두뇌와 현실세계가 맞물리는 접점이다. 몸을 통해 현실과 교류하면서 두뇌가 발달한다. 개인이 사고력, 이성, 지성과 같은 능력을 두뇌 안에 키울 수 있는 것은 오로지 경험 덕분이다. 경험은 살아 있는 몸, 주변 현실과 상호작용하는 몸이 하는 것이다. 현실세계와의 교류가 없는 지성이라니, 그런 지성을 가진 주체란 존재할 수 없다. 이 주체는 몸이다. 회로로 이뤄진 인공지능 기계는 몸을 가지지 않는다. 몸이 없으니 세계 관심은 생겨날 수 없다. 인공지능 기계를 몸의 시뮬레이션과 연결한다고 해도 세계 관심은 회로로 입력되지 않는다.

트랜스휴머니즘을 추종하는 디지털 기업의 대표와 몇몇 철학자는 인간의 생물적 몸을 무시한다(4장과 5장 참조). 이들은 인간을 두뇌로만 확 줄여놓는다. 다시 말해서 이들이 보는 두뇌는 생물과는 아무 관련이 없는 희한한 것, 곧 공상의 산물이다. 이들이 보는 생물적 몸은 어찌 다뤄야 좋을지 몰라 까다롭기만 한 '감정'만 조장한다. 사고력, 이성, 지성은 몸과 무관한 두뇌 안에 있다고 이들은 강변한다. 인간을 두뇌로만 보려는 시도는 디지털 광팬과 몇몇 철학자가 특히 선호하는 상상, 숱한 논란을 불러온 상상에 불을 지폈다. 이른바 "통 안의 두뇌Brain in the Vat"는 자양분을 풀어놓은 수조 안에 둥둥 떠서 생존하는 두뇌를 그린다.[9] 자연의 생물적 몸을 무시하고 얕잡아보는 것이야말로 디지털 신비주의의 핵심이다(1장과 4장 참조). 이런 발상은 중세와 완전한 판박이가 아닐까. 계몽주의, 특히 그 선도적 역할을 한 르네상스는(물론 다른 많은 것들도 선도적 역할을 했지만) 자연의 몸, 어떤 조작도 가해지지 않은 순수한 몸을 재발견하는 것으로 시작되었다.

인공지능 기계와 다르게 인간은 생물로 살아가기 위해, 또 생각할 줄 아는 능력을 유지하기 위해 늘 외부 현실과 교류해야 한다. 반대로 컴퓨터는 창문 하나 없는 어두운 공간에서도 몇 년이고 잘 작동한다.[10] 인간은 몸과 마음이 건강하기 위해 다른 사람과 함께 있어야 한다. 인공지능 컴퓨터는 전혀 다르다. 컴퓨터는 다른 컴퓨터가 없어도 잘 작동한다. 인공지능은 정상적으로 작동하기 위해 존중이나 인정을 필요로 하지 않는다. 다른 인공지능 기계가 옆에 있다고 해서 그 고유한 물질 상태가 변하지도 않는다. 반면 인간은 더불어 사는 사람이 없다면 존재할 수 없다. 인간은 누군가 옆에 있다는 사실만으로도 그 생체 기능에 변화를 일으킨다. 실제 이런 변화는 수치로 측정할 수도 있다. 인공지능 기계는 같은 현실을 다른 기계가 체계적으로 완전히 다르게 감지한다고 해도 아무 이상 없이 작동한다. 반면 인간은 주변에서 다른 사람이 공상에 빠져 있거나 현실을 부정하면 화를 내기도 한다. 인공지능 기계는 맞춤하게 프로그래밍해준다면 감정을 꾸며 보일 수 있다. 로봇이 감정에 따른 몸짓을 시뮬레이션할 수 있는, 곧 흉내낼 수 있는 이유는 이것이다.[11] 하지만 인공지능은 '선천적으로 타고난 감정', 이를테면 외로움, 아픔, 눈물, 기쁨, 두려움 같은 인간 고유의 감정은 전혀 알지 못한다.[12] 인간은 이 모든 감정을 이미 태어나면서부터 지니고 있다. 훈련받지 않아도 인간은 이런 감정을 자연스레 느끼고 표현한다.[13]

인간의 몸과 뇌는 기계가 아니다:
신경의 공명과 생물의 자기 변화

인간은 몸을 통해 외부 현실과 접속한다. 이런 접속을 이루고자 하는 의도를 나는 '세계 관심'이라고 불렀다. 몸과 외부 현실의 접속은 기계가 주변과 상호작용하는 것과는 근본적으로 다르다. 갓 태어난 아기에게 '현실'은 보호자다. 젖먹이는 타고난 감정, 곧 자발적인 세계 관심을 이 보호자에게 온전히 집중한다. 유아는 이 관심을 차츰 다른 사람으로, 그리고 좀더 시간이 지나면서 자연환경으로 확장한다. 세계 관심은 그렇게 인간의 인생 전체를 동행한다. 세계 관심이 시들해지는 것은 병에 걸렸다거나 죽음을 앞두었다는 조짐이다. 아기와 부모는 몸으로 끊임없이 접촉한다. 이런 접촉으로 아기와 부모의 신경세포가 서로 빠르게 공명한다. 자발적으로 생겨나는 관심은 아기도 부모도 일부러 의도하지 않았음에도 자연스레 우러난다. 인간의 '고유한 특성'인 공감 능력은 신경세포의 이런 공명으로 이뤄진다. 컴퓨터는 이를 기껏해야 흉내만 낼 수 있을 뿐이다. 이를 위한 시뮬레이션도 맞춤한 프로그래밍이나 학습이 선행되어야만 가능하다.

아기와 보호자가 몸으로 나누는 교류의 또다른 독특함은 인간 사이의 모든 접촉으로 일어나는 감흥이 아기 몸의 상태, 그 생체의 상태 역시 변화시킨다는 점이다. 여기에는 유전자의 활동도 포함된다. 이 역시 굳이 의도하지 않아도 자연스럽게 이루어진다. 신경 공명과 생체의 자기 변화를 인간은 사회 경험을 통해 평생 겪는다. 아기에게 공명과 변화는 대단히 중요한 역할을 한다. 아기의 몸과 인지 능력이 이 공명과 변화로 키워지기 때문이다. 인간이 인생을 살아가며 접촉하는 '외부 현실'에서 가장 중요한 측면을 이루는 쪽은 더불어 사는 사람, 곧 주변 인물들이다. 또 자연도 인간에게 공명과 생체의 자기 변화를 일으킨다.[14] 두 잠재력, 공명과 생체적 자기 변화의 능력은 인간이 자연적으로 타고나는 천성이다. 컴퓨터는 이런 현상을 기껏해야 맞춤형 프로그램이나 인공지능 학습으로 시뮬레이션할 따름이다.

몸과 두뇌는 '감정과 지성'의 보금자리다. 감정은 수동적인 반응이 아니라, 우리 몸이 자기 상태가 어떤지 자발적으로 드러내 보이는 신호다. 의료적 영상 촬영 연구가 확인해주듯, 인간이 느끼는 모든 감정은 온몸이 거든다.[15] 감정은 '머리'에서만 생겨나지 않는다. 감정은 언제나 두뇌와 몸 양쪽에서 함께 작용한다. 감정은 외부로부터 받은 자극을 반영하는 데 그치지 않고, 우리 몸에 영향을 미친다. '감정은 몸이 세계와 관계를 맺으며 겪는 경험을 반추하며 얻어낸 자발적 해석의 표현이다.'* 컴퓨터는 자발적으로 이런 표현을 할 수 없다. 컴퓨터가 내면에서 우러나는 기분이나 의견을 어찌 갖겠는가. 몸이 감정의 보금자리일 뿐만 아니라 지성 발달의 출발점이자 기초라는 사실은 안타깝게도 너무 쉽게 간과되곤 한다. 아기들이 생후 첫 몇 년 동안 감각을 키우고 지능을 발달시킬 수 있는 바탕은 몸이다. 갓 태어난 젖먹이가 사지를 버둥거리는, 일견 의미 없어 보이는 운동은 인지 능력을 키우고자 하는 첫걸음이다.[16] 몸은 인지 능력과 의도의 발달에 중요한 역할을 한다. 의도intention란 어떻게 하고 싶은지 자신의 뜻을 정하고 이를 실현하려 행동에 나서는 일련의 과정을 포괄하는 표현으로 지향성intentionalität이라고도 한다.

세상이 어떤 근본 규칙에 따르는가 하는 깨달음을 유아는 몸으로 직접 경험해야만 얻는다. 넘어질 때마다 일어나려 안간힘을 쓰면서 아이는 중력이 무엇인지 배운다. 속도와 가속도가 무

---

* 이 문장의 원문은 다음과 같다. "Gefühle sind Ausdruck der Selbst-Bezüglichkeit des Körpers."(Feelings are an expression of the body's self-referentiality.) 독일어 'Selbstbezug'은 칸트 이후 계몽철학이 가장 중시해온 개념이다. 내가 세계와 맺는 관계(Bezug)를 그 어떤 외부 장치도 끌어들이지 않고 인간이 주체적으로 해석하는 것이 자유의 궁극적 의미라고 보는 관점은 철학에서 가장 어려운 문제에 주어진 답이다. 다시 말해서 자유는 자신(Selbst)에서 출발하며 이에 전적으로 책임지는 태도를 이른다. 이런 배경을 적절히 담아낼 표현을 찾기 힘들어 풀어서 번역했음을 밝혀둔다.

엇인지 아이는 달리면서 깨닫는다. 친구와 드잡이하면서 저항을 느낀다. 블록 쌓는 놀이를 하면서 안정성이라는 게 무엇인지 깨우친다. 숫자는 손가락을 일일이 꼽아가며 배운다. 아이는 이런 인지 능력을 오로지 몸으로 현실과 맞닥뜨려가며 키울 뿐 태블릿으로는 배울 수 없다. '내장형 인지embedded cognition' 또는 '체화 인지embodied cognition'라는 전문용어는 인지 능력과 몸 사이의 이런 관계를 고려해 생겨난 개념이다.[17] 인지는 몸과 현실의 상호작용으로 생겨나는 결과물이다. 아이는 아날로그 현실에서 몸을 쓰는 경험을 해야만 인지 능력을 키울 수 있다.

인간의 몸도 두뇌도 기계가 아니다. 몸과 두뇌를 기계로 보는 시각은 디지털 기업의 몇몇 대표와 유명한 철학자가 앞다퉈 퍼뜨린 것일 뿐이다(4장 참조). 물론 생물체의 몸 역시 물리·화학 법칙을 따르기는 한다. 하지만 생명은 물리·화학 법칙만으로 설명되지 않는다. "생물학은 제2의 물리학이 아니다." 이 말은 현대 진화생물학의 최고 석학 가운데 한 명으로 하버드대학교에서 활동한 바 있는 독일 동물학자 에른스트 마이어Ernst Mayr가 밝힌 견해다.[18] 인간이 기계라는 주장은 생물이라는 현실을 곡해한 결과이다. 인간의 몸과 두뇌는 현실을 필요로 한다. 더욱이 몸과 두뇌는 사회적 상호작용에 반응하는 행동 주체, 곧 사회적 행위자다. 이게 무엇을 의미하는지 유전자와 신경의 공명 시스템 그리고 자아의 형성이라는 세 가지 예를 들어 더욱 자세히 살펴보기로 하자.

소통을 즐기는 사회적인 유전자

먼저 생각만 해도 골치가 아픈 모순부터 풀어보자. 이른바 '전문가'라는 사람들의 절반 정도는 모든 것이 '유전자에 달린 문제'라고 주장하는 반면 다른 절반은 환경의 영향, 특히 당사자 주변의 사회적 환경이 미치는 영향의 중요성을 강조한다. 유전자를 다룬 유명한 책들의 저자는 대개 그 자신이 유전자를 연구한 적이 없다.[19] 나는 미국에서 연구한 시간까지 포함해 오랜 세월 동안 유전자 연구에서 적잖은 성과를 올렸다.[20] 그 시절 내가 주로 연구한 대상은 면역 체계의 유전자였으며, 나중에는 두뇌의 유전자였다. 유전자는 오로지 제 관심사에만 매달리는 '너드nerd', 외부와 단절된 채 컴퓨터 앞에 앉아 자판이나 두들기는 괴짜가 아니다. 유전자는 협력과 소통을 좋아한다. 유전자는 다른 분자와 함께 일할 뿐 단독으로는 아무것도 하지 못한다. 유전자의 눈으로 본다면, 유전자는 '바깥'에서 들어오는 자극에 반응한다. 다시 말해 이 자극이 어떤 것이냐에 따라 유전자는 다르게 행동한다. 유전자는 생명을 연주하는 피아노다.[21] 피아노 연주자는 환경, 곧 인간이 서로 맺는 사회적 관계다.

인간은 대략 2만 3000개의 유전자를 가진다.[22] 모든 유전자에는 앞부분에 일종의 스위치가 달렸다.[23] 이 스위치 역시 유전자와 같은 성분으로 만들어졌다.[24] 하지만 유전자 스위치는 유전자와는 달리 몸의 고유한 단백질을 만드는 데 필요한 청사진을 가지지 않는다. 유전자 스위치는 비유하자면 비행기가 착륙하는 활주로와 같다. 바깥, 곧 유전자 외부로부터 들어오는 자극은 이 스위치에 안착해 신경신호 전달 물질로 바뀐다.[25] 유전자 스위치가 어떤 신호 전달 물질을 얼마나 많이 만드느냐에 따라 이와 연결된 유전자 텍스트는 그 읽히는 정도가 달라진다.[26] 유전자 스위치가 작동하는 원리는 전등 빛의 세기를 조절하는 '조광 스위치'와 같다. 전등이 조광 스위치로 외부 세계와 소통하듯, 유전자는 스위치를 통해 주변 환경과 소통한다. 유전자 바깥으로부터 들어오는 특정 자극은 스위치가 어떻게 받아들이느냐에 따라 강해질 수도, 약해질 수도 있다.[27] 자극과 유전자 스위치의 상호작용을 연구하는 학문이 바로 '후성유전학epigenetics'이다.[28]

유전자는 우리 주변 세계와 관계한다. 유전자가 '이기적'이라는 주장은 말이 되지 않는 소리다. 유전자가 이기적이라면 인간을 포함해 모든 생명체는 살아남지 못했으리라. 병을 일으키는 바이러스나 박테리아가 우리 몸에 침입하면, 평온하던 유전자가 화들짝 놀라 활동하기 시작한다. 유전자는 이런 활동으로 면역 물질을 만들어낸다. 감염을 성공적으로 방어한 유전자는 다시 평온함을 되찾는다. 감염되지 않았음에도 면역을 담당하는 유전자가 쉬지 않고 활동한다면, 자가면역 체계가 무너지며 심혈관계 질환 또는 암이 발생한다. 심지어 곧바로 사망하는 최악의 상황도 생겨날 수 있다. 바이러스와 박테리아 외에 우리가 섭취하는 음식물도 환경의 일부다. 음식을 먹을 때마다 소화기관에서는 무수한 유전자가 활동한다.[29] 유전자라는 피아노는 병원균과 식품뿐만 아니라 우리의 사회관계에 의해서도 연주된다. 사회관계란 간단히 말해서 다른 사람들이다.

사회관계 그리고 이 관계로 인간이 품는 감정과 생각은 유전자 활동에 영향을 미친다. 적절한 자극을 주는 환경과 보호자의 충분한 보살핌 속에서 성장하는 아이는 신경 성장 요소 유전자가 발달해 두뇌가 훨씬 더 총명해진다.[30] 주변 사람에게 위협이나 굴욕을 받아 높은 압박에 시달리는 인간에게서는 스트레스 유전자가 왕성하게 활동한다. 스트레스 유전자가 만들어내는 스트레스 호르몬은 뇌에 손상을 입힌다. 스트레스 호르몬은 면역 체계도 공격한다. 그 결과 병원균에 맞서싸울 저항력이 현저하게 떨어진다. 환자의 경우는 치유가 잘 되지 않는다. 이런 상태가 오래 지속되거나 나쁜 인생 경험이 되풀이되면, 인간은 장기적인 관점에서 패배감과 무력감에 사로잡혀 좀체 두려움을 떨치지 못한다. 이런 상황 역시 숱한 유전자의 활동에 악영향을 주어 다시금 병에 걸릴 확률을 높인다.

과거에 다른 사람과 했던 경험은 인간의 내면에 확실하게 뿌리를 내린다. 이런 경험은 오래가는 후유증처럼 유전자에 영향을 미친다. 그 상대가 이미 오래전에 주변에서 사라졌거나 심지어 사망했어도 영향력은 좀체 지워지지 않는다. 사회관계는 뜨거운 공기처럼 훅 사라지는 게 아니다. 사회관계는 인간이 생물로 살아가는 현실의 일부이다.[31] 다른 사람과 만날 때마다 우리는 서로 상대를 어떻게 대해주느냐에 따라 유전자를 달리 활성화한다. 물론 전혀 의식하지 못하는 가운데. 상대방의 친절함은 스트레스 유전자를 진정시킨다. "인간은 많은 것이 없이도 그럭저럭 지낼 수 있지만, 더불어 사는 인간 없이는 존재할 수 없다." 이미 앞서 인용한 바 있는 유대인 저술가 카를 루트비히 뵈르네*는 본래 의사가 되고 싶어 의학을 공부했던 인물이다. 사회적으로 고립된 나머지 고독에 시달리며 다른 사람의 악의적인 취급에 고통 받는 사람은 실제로 건강에 심각한 손상을 입는다. 우리의 유전자는 선의와 호의를 베풀어주는 상대를 필요로 한다. 최신 연구, 내가 지난번 저서에서 다룬 연구는 상대방이 친절을 베풀 때뿐만 아니라 우리가 상대를 배려하는 선행을 할 때에도 유전자가 긍정적인 반응을 보인다고 확인해준다.[32] 이렇게 진화는 우리를 인간으로 '만들었다'.

신경 공명 시스템

공명이라는 개념은 발신자의 활동 상태가 적절한 수신자에게 그대로 옮겨지는 것을 뜻한다. 예를 들어 어떤 기타의 줄을 튕기면 두번째 기타의 상응하는 줄이 함께 울리는 것이 공명이다. 공명은 메아리가 아니다. 메아리는 내지른 함성이 반대편 암벽에 부딪혀 되울리며 들리는 반향이다. 반대로 공명은 누군가 날카로운 칼을 다루다가 실수로 손가락을 베는 것을 보았을 때 우리가 자기도 모르게 "아야!" 하고 자발적으로 외치는 비명이다. 신경학 연구는 다른 사람을 관찰할 때 관찰자 두뇌에서는 관찰 대상의 두뇌 안에서 일어나는 것과 같은 신경계의 활동이 발생한다는 것을 확인했다. 손가락을 베이는 아픔을 관찰했을 때 관

---

* Carl Ludwig Börne, 독일의 저널리스트이자 문학평론가이다. 촌철살인의 명료한 필치로 독일 신문의 문예란을 개척했다는 평가를 받는 인물이다.

찰자의 두뇌에서 아픔을 느끼는 신경이 활발한 활동을 보였다. 이는 실험 데이터로 입증된 사실이다.

기타의 경우 공명은 음파로 일어나지만, 인간 사이의 공명은 발신자의 말 또는 몸짓언어(대개 말과 몸짓언어가 맞물린다)를 수신자가 받아들이며 이루어진다. 말과 몸짓언어를 감지한 수신자는 이에 담긴 신호를 해독해 신경의 공명으로 반응한다. 미소를 보며 부지불식간에 미소를 짓고 짜증난 표정을 보면 기분이 불쾌해지는 것, 하품이 하품을 '전염'시키는 이유는 공명이 잘 설명해준다. 말과 몸짓으로 전달되는 감정 상태뿐만 아니라, 상대방의 움직임 역시 공명을 유발한다. 관찰자는 운동을 보며 자신도 모르게 같은 움직임을 보인다. 물론 그렇다고 해서 반드시 행동으로 이어지는 것은 아니나 관찰자의 두뇌, 운동을 담당하는 두뇌 부위가 활발히 활동하는 것은 실험으로 확인했다. 최소한 행동하려는 자극은 분명히 촉발된다.

현대 신경과학이 신경계의 공명을 밝혀내기 이미 오래전에 영유아 연구가인 앤드루 멜초프Andrew Meltzoff는 태어난 지 얼마 안 된 신생아가 보호자의 표정에 공명하는 반응을 보이는 것을 발견했다. 태아는 의식적으로 몸을 조종할 능력이 충분히 발달하지 않았음에도 관찰한 표정, 예를 들어 엄마가 쏙 내민 혀를 보며 그에 상응하는 반응을 보인다. 아기의 공명 능력 확인

연구는 인내심과 지구력을 요하는 과정이다. 그러나 학자가 아닌 일반인도 아기를 보면 주변 분위기에 쉽사리 '물드는 것', 곧 공명을 보이는 것을 알아볼 수 있다. 아기는 어른의 몸짓, 표정, 목소리 등에 반응한다. 다른 아기의 울음소리를 들으면 젖먹이는 곧장 같이 운다. 불편한 것 없이 건강하면서도 말이다. 우리가 아기를 대하는 방식, 곧 안아주거나 업어주는 방식도 공명 능력을 발달시킨다. 이런 능력을 키우기 위해 젖먹이는 무엇보다도 보호자가 다른 누구도 아닌 자신에게 '관심'을 쏟고 있다는 점을 알아야 한다. 눈빛을 맞추는 것, 몸을 아기 방향으로 온전히 돌려 부드럽게 쓰다듬거나 다정한 목소리로 말을 걸어주는 태도가 꼭 필요하다. 다정한 음성은 물론 아기에게 어떤 구체적인 내용을 전달하려는 게 아니다. 무슨 말이든 친근한 분위기를 담아내야 한다.

아기와 교류하고자 하는 어른(거꾸로 자신이 뭘 원하는지 알리고 싶은 아기)에게 공명 능력은 매우 중요하다. 양쪽은 서로에게 맞출 때만 교류를 나눌 수 있다. 아기에게 공명을 일으켜 마음을 사로잡고 싶다면 어른은 먼저 아기가 처한 당장의 상태를 세심하게 살피며 헤아릴 수 있어야 한다. 아기의 마음을 말 그대로 '어루만질 수 있어야 한다'. 어른은 아기를 얼러주고 달래며 아기 마음을 사로잡을 수 있어야 실제로 공명을 이룬다.

공명에 성공하는 어른은 아기와의 사이에서 벌어지는 일을 통제할 수 있다. 이 모든 것은 직관적으로, 다시 말해서 의도적인 계획 없이 일어난다. 인간은 태어나면서부터 상호 공명을 나누도록 생물적으로 '만들어졌다'. 아기의 상태가 애매한 경우 보호자는 말하자면 더듬듯이 신중하게 몸짓언어(무엇보다도 눈빛을 맞추고 쓰다듬거나 부드러운 목소리로 애정을 표현하며)로 아기가 원하는 것이 무엇인지 알아내야 한다. 간단히 말해서 공명이 일어나야 한다. 이를 위해 무엇보다도 생기 넘치는 행동으로 놀이하듯 즐겁게 아기에게 맞춰주는 태도가 필요하다. 이런 능력은 컴퓨터나 로봇은 결코 가질 수 없다. 아기는 무표정을 무서워한다. 표정 변화가 없는 얼굴로 아기를 물끄러미 바라보면 아기는 자지러질 것처럼 울음을 터뜨린다.

공명을 불러일으키고 자신도 공명을 보이는 능력이야말로 인간이 인공지능 컴퓨터와 다른 점이다. 인공지능 컴퓨터와 이것이 조종하는 로봇은 센서로 감지한 인간 표정을 흉내내도록 프로그래밍되며, 인간의 목소리 음파를 분석해 그와 비슷한 느낌을 낼 수 있다. 마치 공명을 일으키는 것처럼, 심지어 마치 공감하는 것 같은 반응을 인공지능 컴퓨터는 조작해 보인다. 첨단기술 기업의 직원들은 이미 이런 '가상'에 푹 빠졌다. 그러나 사실은 다르다. 컴퓨터는 공명도 공감도 할 수 없다. 컴퓨터는 공명을 일으킬 구조를 가지지 않기 때문이다.

컴퓨터는 맞춤한 프로그램을 설치하면 모니터에 비가 내리는 장면을 '시뮬레이션'할 수 있다. 하지만 컴퓨터도 모니터도 축축하게 젖지는 않는다. 물리학자는 컴퓨터를 이용해 블랙홀을 시뮬레이션으로 만들어낸다. 그러나 이 블랙홀은 컴퓨터도 모니터도 빨아들이지 않는다. 마찬가지로 컴퓨터는 인간관계의 공명을 이에 맞춤한 프로그램으로 시뮬레이션할 수 있다. 인공지능도 훈련하면 같은 작업을 할 수 있다. 이런 시뮬레이션은 기계가 공감 능력을 갖췄다는 인상을 불러일으킬 만하다. 그러나 사실은 엄연히 다르다. 컴퓨터는 공명할 수 없으며, 공감도 할 수 없다. 기계가 축축한 습기와 블랙홀 중력을 어찌 만들어내겠는가. 상호작용하는 공명은 인간이 서로 맺는 관계의 핵심이다. 태아에게 이런 능력은 생존의 바탕이다. 돌보아주는 어른과의 관계가 없다면 아기는 건강에 심각한 손상을 입는다. 컴퓨터는 관계를 맺고자 하는 선천적 욕구를 전혀 가지지 않는다.

공명을 일으키는 신경계는 생애 초기뿐만 아니라 평생에 걸쳐 중요한 역할을 한다. 인간이 서로 관계를 맺어가며 살 수 있는 바탕이 공명의 상호작용이기 때문이다. 공명하지 않고 인생을 살 수는 없다. 공명은 바로 지금 옆에 있는 사람이 어떤 상태인지 꼭 필요한 정보를 제공한다. 대다수 사람이 별다른 수고를 하지 않아도 자연스레 상대의 기분을 헤아릴 수 있게 해주는 감정이입의 기초는 바로 공명이다. 이런 직관적 감정이입이 없다면 우리는 다른 사람이 무엇을 느끼는지 알아보기 매우 힘들다. 기술이나 수학에 특별한 재능을 보이는 사람들(통계는 전체 인류의 약 5퍼센트라고 한다)은 공명 신경계의 이상에 시달리는 경우가 적지 않다. 이런 장애는 이른바 '자폐증'에 해당한다. 많은 당사자는 장애라는 말 대신에 '신경 다양성'*이라 불러주기를 희망한다. 이런 희망은 존중해주어야 마땅하다.

자폐 성향의 신경 다양성과 기술 및 수학에 특별한 재능을 가진 사람은 컴퓨터 공학과 첨단기술 기업에서 흔히 볼 수 있다.[33] 이 분야는 특히 이런 사람들을 선호하기 때문이다.[34] 신경 공명을 몸소 체험할 수 없는 사람은 그게 무엇인지 알기가 힘들다. 나는 거울 신경계라고도 하는 공명 신경계를 다룬 책을 몇 년 전에 출간한 바 있다.[35] 철학자 베른하르트 이르강Bernhard Irrgang은 공감 능력의 이런 특성을 다음과 같은 딱 맞는 말로 정리했다. "거울 신경계는 두뇌들을 연결해준다."[36]

---

* neurodiversity, 뇌신경의 이상으로 생겨나는 다양한 신경질환을 정상으로 바라보려는 개념이다. 자폐증, 성도착, 사이코패스, 조현병 등을 차별하지 않으려는 의도에서 1998년 호주의 여성 사회학자 주디 싱어(Judy Singer)가 제안했다. 이 경우에 해당하지 않는 일반인은 '신경 전형성'(neurotypical)이라고 한다.

인간의 자아는 사회적이다

인간이 낳는 아기는 진화의 측면에서 보자면 조산아와 다르지 않다. 교과서대로 임신 40주차에 세상의 빛을 보는데도 조산아라니? 인간의 몸은 지난 수백만 년 동안 머리 크기를 키우는 쪽으로 진화해왔다. 가장 최근에 이뤄진 설계 변경은 대략 60만 년 전에 일어났다.[37] 여성의 골반은 태아의 두뇌가 커지는 것에 보조를 맞추지 못했다. 산모와 태아가 출산 과정을 이겨내고 살아남을 수 있게 자연은 태아가 일찍 세상에 나오도록 출생 시점을 앞당겼다. 인간의 태아는 포유류 형제자매, 예를 들어 아기 고양이나 강아지나 망아지에 비해 덜 성숙한 채 세상에 태어난다.

다른 동물의 새끼와 비교해 지연된 인간 신생아의 발육 상태는 개인적 역량에 따라 달라지기는 하지만 대략 1년 반에서 2년이 걸려야 그 격차를 이겨낸다. 상대적으로 성숙도가 떨어지는 현상은 무엇보다 이마엽, 이른바 '이마앞엽 겉질' 때문이다. 이 부위는 인간 두뇌 전체를 조종하는 핵심 역할을 한다. 일반적으로 '자아 네트워크'라 부르는 이 부위는 몇 년 전에야 비로소 발견되었다. 이곳은 '나' 그리고 세계 관심과 관련한 모든 것을 저장한다. 앞서 언급했듯 신생아의 이마엽은 아직 미숙하며 제대로 기능하지 않는다. 이는 다시 말해서 신생아가 출생 시점에는 아직 '자아'를 가지지 않음을 뜻한다. 아기는 자신이 누구인지, 주변 다른 사람들은 누구인지 아직 모른다. 아기는 안과 바깥을 구분할 수 없다. 이로써 자연스레 다음 질문이 고개를 든다. 아기는 어떻게 자아에 눈뜰까?

자아와 자아의식은 아직 가지지 않지만, 아기는 잠을 자지 않는 동안에는 끊임없이 주변을 감지한다. 다시 말해 신생아는 주변을 의식하면서 경험한다.[38] 바로 이런 의식이 앞서 언급한 세계 관심의 출발점이다. 아기는 어른과 비교해 아는 것이 거의 없다. 매우 제한된 정보와 지능만 가졌을 뿐이다. 신생아는 많은 디지털 전문가가 근본적으로 착각에 빠졌다는 '살아 있는 증명'이다. 의식은 지식 또는 지능으로 생겨나는 것이 아니며, 수많은 정보를 저장하고 서로 비교해가며 결합하는 능력도 아니다. 인공지능은 말하자면 신생아와는 정반대이다. 컴퓨터는 엄청난 양의 정보를 저장하고, 이 정보를 서로 결합할 수 있다. 하지만 그렇다고 컴퓨터가 의식을 가질 수는 없다.

그렇다면 대체 아기는 어떻게 해서 '자아'에 눈뜰까? 출생 시점에 젖먹이는 아직 이마엽이 미성숙한 탓에 의식을 가지지 못하지 않는가? 자아는 생후 첫 몇 달, 몇 년 동안 주변과 상호 공명을 나누며 형성된다. 앞서 설명한 것처럼 아기가 공명을 나눌 수 있는 기초는 몸이다. 그러나 이 연령대의 아기는 아직 확실한 기억력을 가지지 못해, 생후 첫 두 해 동안 겪는 공명은 몸에 무의식의 기억으로 새겨진다.[39] 이마엽은 충분히 성장하자마자 인지와 관련한 첫번째 깨달음을 저장한다. 이 깨달음은 과연 어떤 것일까? 생후 몇 달에 걸쳐 아기가 쌓은 상호 공명은 두 가지 기초 정보를 담는다. 우선 아기는 내가 세상에 있구나, 둘째로 자신이 어른에게 '참 잘 왔구나' 하고 환영받음을 깨닫는다. 젖먹이는 꼼지락대거나 버둥거리는 자신의 모든 움직임, 딱히 방향을 정하지 않고 발산하는 생명의 신호가 많은 경우 보호자의 확실한 반응, 자신에게로 방향을 정한 공명을 부른다는 점을 감지한다. 물론 아기는 자신의 행동이 그런 반응을 불렀다는 인과관계를 알지 못해 어른의 공명이 우연히 일어났다고 여긴다. 어쨌거나 이렇게 해서 아기는 어렴풋한 짐작, 말하자면 첫번째 인지를 쌓는다. 이 첫번째 깨달음을 알기 쉽게 풀어보자면 이렇다. "내가 보채거나 꼼지락거리거나 씩 웃을 때마다 저 바깥에서 누군가 반응한다. 분명 이쪽에 내가 있는 게 틀림없다. 저 바깥에도 누군가 있다."

출생 이후 뭐가 뭔지 통 알 수가 없어 혼란을 겪던 아기는 첫 2년을 보내는 동안 차츰 방향감각을 키운다. 인지의 방향을 잡아나가는 축은 "여기 내가 있네"와 "저 바깥에 누가 있네"이다. 두번째 기초 정보는 유아가 공명을 주고받으며 느끼는 감정, 곧

저 바깥의 사람들이 나를 정말 반겨주는구나 하고 느끼는 감정의 문제이다. 두 정보('내가 세상에 있다'와 '나는 관심을 받는다')는 생후 24개월이 될 때까지 이마엽에 저장되면서 차츰 자아의 핵심을 형성한다. 나의 존재와 내가 사랑을 받는다는 확인이 자아를 만드는 바탕이다. 요점만 간단히 정리하자. '인간의 자아는 무엇보다도 사회를 경험하는 덕에 생겨난다.' 자아에 해당하는 신경계는 이마엽의 하층부에 위치한다.[40] 인도 여성들이 미간에 찍는 붉은 점 '빈디' 뒤쪽이다. 아기는 대략 한 살 반 때부터 자신의 존재와 자아를 자각하는 행동을 보인다.

요점 정리. 자아의 형성은 유아와 보호자 사이에 여러 개월에 걸쳐 이뤄지는 공명을 통한 사회 경험을 전제로 한다. 보호자가 안전하다고 느껴야만 아기는 이 상호 공명에 참여한다. 안정적인 자아를 키우기 위해 아기는 주변과 주고받는 공명을 꾸준하게 충분히 음미할 수 있어야 한다. 바로 그래서 보호자는 아기에게 믿음을 심어주어야 할 뿐만 아니라 지속적으로 아기 곁을 지켜야 한다. 주변의 어른이 계속해서 바뀌는 환경은 아기에게 좋지 않다. 보호자는 늘 아기의 개인적인 상황을 섬세한 감각으로 읽어가며 맞춰주어야 한다. 이런 섬세한 돌봄을 디지털 단말기와 인공지능 기계 또는 로봇은 절대로 감당할 수 없다. 이런 과제는 오로지 실제 인간, 공감 능력을 갖춘 인간만이 감당할 수 있다. 인간은 유아기를 지나서도 자아를 키우기 위해 상호 공명을 주고받아야 한다. 이런 공명은 평생 지속된다. 인간의 자아는 돌에 새겨진 게 아니라, 생애 초기에 형성된 자아 씨앗을 평생에 걸쳐 키워야 하는 것이다. 자아를 정보 저장고에 빗대는 것은 어불성설이다. 자아는 일종의 사회적 장기이며, 기계와는 근본적으로 다른 무엇이다.

나와 타인과 우리

앞서 설명했듯, 인간의 자아는 유아기에 경험하는 공명 덕분에 생겨난다. 이런 발견은 인간의 자아 네트워크가 본인의 자아뿐 아니라 주변의 가까운 다른 사람들도 대변한다는 얼핏 보기에 의아하기만 한 사실을 매우 설득력 있게 설명해준다.[41] 자아의 신경 네트워크는 우리가 가까운 주변 사람을 생각하기만 해도 활성화한다. 거꾸로 보자면, 가까운 주변 사람과 관련한 정보를 저장해둔 신경 네트워크는 내가 나 자신을 생각할 때도 활성화하며 이용된다. '자아'와 '중요한 주변 사람'과 '우리'는 물론 분명 서로 다르다. 하지만 실제로 이 차이는 경계가 명확하지 않다. 신경계 안에서 나와 타인과 우리는 서로 상당 부분 겹친다. 물론 건강한 두뇌는 자신과 타인을 아무 문제없이 잘 구별한다. 신경 네트워크는 이런 구별을 위한 보충 기능을 가졌기 때문이다. 이 기능을 다룬 연구도 그동안 충분히 이루어졌다.[42] 그러나 이 능력이 예를 들어 특정 약물의 복용이나 정신질환으로 상실되면 신경 네트워크에서 자아 영역과 타인 영역이 서로 겹친 부분, 그동안 잠복해 있던 부분이 불거진다. 그러면 당사자는 나와 너를 구분하지 못하는 어려움을 겪는다. 예를 들어 막 떠오른 생각이 자신의 것인지 아니면 상대의 것인지 본인이 확실하게 말하지 못한다.

'자아'와 '가까운 주변 사람'이 신경 네트워크에서 서로 겹치는 중첩은 신경생리학이 익히 아는 현상으로, 기이한 게 아니다. 병리학이 다루어야 할 현상도 결코 아니다. '나 같은 너'와 '너 같은 나'는 건강한 인간의 주관적 체험에서도 얼마든지 일어난다. 서로 사랑하는 두 사람을 보라. 지극한 사랑은 상대를 자신의 일부로 여기는 애틋한 감정을 자랑한다. 오랜 세월 동안 매우 가깝게 지낸 사람이 어떤 상황에 부닥쳤을 때 어떻게 행동할지 우리는 안다고 믿는다. 상대방 역시 마찬가지로 우리가 어떻게 행동할지 적절히 판단한다. 이처럼 친밀한 관계는 우리가 어떤 결정을 내리는지에 매우 강한 영향력을 발휘한다. 나와 너의 중첩이 얼마나 뿌리 깊은지 잘 알 수 있는 경우는 가까운 사람을 잃었을 때다. 이별이나 사고 또는 죽음으로. 당사자는 마치 가슴을 칼로 도려내는 것처럼 아파하며 '자아의 일부'를 잃는 깊은 상실감에 빠진다.

자아와 타자의 중첩은 어쩌다가 우연히 이뤄지는 게 아니다. 이런 중첩은 오래 지속되어온 관계 안에서 나눈 공명이 내재화한 결과다. 이처럼 모든 인간관계의 핵심을 이루는 것은 공명이다. 공명의 원리는 유아와 보호자 사이의 관계에서 이미 충분히 살펴보았다. 유아와 어른이 보이는 공명의 차이는 서로 주고받는 공명을 성인은 감지하며, 그에 어떻게 반응해야 할지 생각하고 자신이 원하는 반응을 고른다는 점이다. 관계를 가꾸어가며 나누는 공명을 직감적으로 받아들이며 이를 반추하는 생각은 우리에게 매우 큰 도움을 준다. 특히 '부정적인 공명'에 노출되었을 때 성찰의 자세가 꼭 필요하다. 상대가 나에게 보이는 공명은 그저 일회적으로 나타났다가 사라지는 게 아니기 때문이다. 몇 차례 또는 지속적으로 만나면, 상대의 공명은 나의 내면으로 파고들어 자아의 일부를 형성한다. 물론 얼마나 오래갈지는 그때그때 다르겠지만 말이다. 반면 유아와 아동은 주변으로부터 받는 공명에 무방비로 노출된다. 자신의 말과 행동에 긍정적인 공명을 받는 아이는 그만큼 자신감(자아의식)이 커지기 마련이다. 그 반대의 경우도 유념해야 한다. 부정적 공명을 받는 아이는 깊은 상처를 받는다. 이는 신경과학 연구로도 확인된 사실이다. 상대가 자신을 두고 긍정적(또는 부정적)으로 하는 말을 들은 사람의 신경 네트워크는 활발한 활동(또는 마비)을 보인다.43

인간관계가 현실을 만든다

오래 지속되는 인간관계, 특히 긍정적인 관계는 두 주인공의 '자아'를 일정 부분 서로 결합한다. 심리학은 이런 결합을 '결속'이라고 부른다. 인간은 결속 본능을 타고나며, 결속에 의존하는 존재이다. 진화가 인간에게 부여한 이 선천적 특징을 인공지능 컴퓨터는 가질 수 없다. 두 사람 사이에 키워진 결속은 두 사람이 갈라선다 하더라도 없던 일로 되돌려지지 않는다. 결속은 당사자가 써온 역사, 그 정체성의 일부이다. 생애 초에 맺는 결속, 특히 엄마와의 관계(또는 엄마를 대신해주는 사람과의 관계)는 인간의 자아에 깊은 발자취를 남긴다. 나중에 커서 맺는 관계들은 이 발자취를 더욱 깊게 새기거나, 교정하는 의미에서 다시 고쳐 쓰게 만든다.

농밀한 감정을 키워온 결속 관계가 단절되면 당사자는 심각한 트라우마에 시달리며, 자존심이 무너지는 혼란에다 심한 경우 정신질환까지 걸릴 수 있다. 얼이 나간 나머지 마치 없는 사람처럼 굴기도 한다. 없는 사람처럼 군다고? 왜? 결속을 나누었던 상대가 사라질 때마다 인간은 자신의 일부, 곧 현실을 잃기 때문이다. "인간관계는 현실을 만든다." 관계를 상실한 사람은 현실과 접점을 찾기 힘들다. 불가피한 이별 또는 잠정적인 거리 두기(예를 들어 연인과 어쩔 수 없이 헤어지거나 부모에게서 독립하는 청년)가 발생하는 경우 건강을 잃지 않으려면 인간은 그 아픈 경험을 툭 터놓고 이야기할 수 있어야 한다.[44]

인공지능을 기반으로 하는 이른바 '챗봇'은 조만간 언어 기능을 갖추고 인간과 대화를 나눌 수 있게 된다고 한다. 이 챗봇과 대화를 나누는 사람은 상대가 기계인지 인간인지 좀처럼 구별할 수 없을 것이라고 업계는 자랑한다(5장을 볼 것). 상대가 컴퓨터인지 아니면 자연인인지 식별할 수 없다면, 해당 컴퓨터는 이른바 '튜링 테스트'*를 통과한다. 이 테스트에 성공했다는 것은 속임수가 완벽하게 통했음을 뜻할 뿐 기계가 의식을 가졌다는 의미가 아니다. 챗봇과 언어 컴퓨터는 확률 알고리즘으로 언어를 조합할 뿐이다. 무슨 말을 하는지 알지도, 이해하지도 못

---

* 영국의 수학자이자 컴퓨터 연구 선구자인 앨런 튜링(Alan Turing, 1912~1954)이 1950년에 고안한 컴퓨터 사고능력 테스트의 이름이다.

한다. 똑똑하게 캐물으면 인공지능은 그 무지함만 드러낸다(예를 들어 1톤의 깃털과 1톤의 강철 가운데 어느 것이 더 무거운가 하는 질문에 챗GPT는 강철이 더 무겁다고 답했지만, 그동안 이 오류가 개선되어 이제는 둘 다 1톤이라 같은 무게라고 정확하게 대답한다).

앞서 언급했듯, 인간은 관계와 결속을 갈망하는 탓에 인공지능 언어 컴퓨터를 오래 상대하는 사람은 컴퓨터와의 관계에 사로잡힐 수 있다. 심지어 결속감을 느끼는 사람도 나타날 수 있다. 이런 일은 인간 심리의 원리상 얼마든지 가능하다. 언어뿐만 아니라 표정까지 구사하는 인공지능 로봇이라면 이런 일은 더욱 쉽게 벌어진다. 마리아 슈라더Maria Schrader는 로봇과 관계를 맺는 여성의 이야기를 그린 영화 〈나는 너의 사람이야〉를 2021년에 발표했다. 이런 일은 이미 실제로도 일어났다. 구글의 소프트웨어 엔지니어 블레이크 르모인Blake Lemoine은 '구글 브레인'의 인공지능 챗봇 '람다LaMDA'의 개발을 담당해왔다. 그는 람다와 웃고 떠들며 친밀한 관계를 꾸려온 끝에, 기계가 의식을 가지며 인권을 요구할 수 있다고 확신했다.[45] 지금 나는 블레이크 르모인의 말이 맞는지 틀리는지 따지려는 게 아니다(당연히 그는 착각에 빠졌으며, 이를 깨닫고 직장 상사들에게 그렇게 보고하기도 했다). 다만 나는 관계를 갈망하는 인간이 그 욕구를 인공지능 컴퓨터와 해소하려 하면 정신건강을 심각하게 해칠 위험이 크다는 점을 분명히 하고 싶을 뿐이다. 이런 마당에 인공지능이 아이들에게 끼칠 해악이 얼마나 극심한지는 충분히 짐작이 가고도 남는다.

상실의 시대

인류는 불안에 사로잡혔다. 놀라운 일은 아니다. 기후 위기가 갈수록 심각해진다. 우리는 새로운 전쟁을 겪는다. '팬데믹'은 우리를 약하게 만들었다. 그리고 이제 디지털 기계가 우리를 실의에 빠뜨린다. 우리 인간이라는 종은 얼이 나간 것처럼 그저 우두커니 서 있다. 우리는 더는 우리 자신이 누구인지, 무엇이 우리의 강점인지 알지 못한다. 불안에 빠진 아이들은 어려운 상황에서 본격적으로 엇나가기 마련이다. 지금 우리가 그런 아이의 처지가 된 모양새다. 우리는 진화가 우리에게 베풀어준 성공 비결을 더는 믿지 못한다.

- 아름답지 않은 아날로그 현실과 대결하려는 자세
- 용기 있게 노력하려는 자세

- 교육 현장에서 학생과, 의료 현장에서 환자와, 직장에서 동료와 성 공적 관계를 가꾸려는 자세
- 꾸준한 배움의 자세로 실력과 교양을 쌓으려는 자세
- 현재에 충실히 살아가는 자세
- 열린 마음으로 토론하는 자세
- 서로 지원하는 공정한 사회

이런 자세를 지키려 노력하는 대신 우리는 아무 생각 없이 오로지 시스템에만 매달린다. 아무 통제 없이 무분별하게 기계 시스템에 매달리면, 인간이 자연스럽게 힘을 회복해 자신감을 키우는 흐름은 막히고 만다. 이런 상황 역시 중세를 연상시킨다. 중세에는 뭐든 잘되지 않으면 믿음이 부족하다고 꾸짖었다. 현실을 외면하고 신비에 매달리는 태도는 문제를 키울 뿐이다. 기계 시스템을 안전하게 통제하면서 유용한 도구로 활용하는 대신, 우리 시대의 예언자와 구세주는 세상을 완전히 디지털화해야 한다고 목청을 높인다. 이들이 노리는 것은 디지털로 얻어지는 이득일 따름이다. 양 떼를 지켜야 할 목동이 돌연 늑대로 돌변해 배를 채우는 행동, 피해자가 겪는 아픔을 헤아리기는커녕 가해자의 편에 서서 잇속이나 챙기려는 '범인과의 동조'를 심리학은 '스톡홀름 증후군'이라 부른다. 이런 야단법석 가운데 교

활한 목동은 자신의 경제적 이득을 챙기려 양 떼를 은근히 뒤로 빼돌린다.

디지털 시스템은 잘 통제할 수만 있다면 환상적인 도구일 수 있다. 하지만 이 시스템이 우리의 가장 중요한 에너지원, 곧 아날로그 인간관계를 망가뜨려서는 안 된다. 단말기와 모니터가 우리의 아날로그 관계를 대체할수록 우리가 치러야 하는 대가는 그만큼 더 커진다. 디지털 중독은 우리의 몸과 마음을 병들게 만들어 건강을 해친다. 특히 아동과 청소년이 이런 위협에 취약하다. 헤아릴 수 없이 많은 연구가 입증했듯, 디지털 단말기는 10세 미만 아동의 감정과 인지 능력 발달을 저해하며 건강을 해친다.[46] 의학과 심리학 전문가들은 열 살 미만 아동에게 디지털 단말기를 주지 않아야 한다고 입을 모아 말한다. 유치원과 초등학교에서도 디지털 단말기는 되도록 쓰지 않는 게 좋다.[47] 이른바 독일 '학술위원회', 소아과 의사 또는 정신과 전문의가 단 한 명도 참여하지 않은 이 위원회가 정반대의 권고를 결정한 것은 정말 놀라운 일이 아닐 수 없다.[48] 열 살 이후의 아이와 청소년은 무엇보다도 디지털 기기가 제공하는 각종 상품의 중독성을 조심해야 한다(3장 참조). 부모가 모범을 보이고 대화를 나눠주면서 합의한 규칙을 지키는지 감독하는 역할이 꼭 필요하다. 청소년이 수동적 태도에서 벗어나 능동적 자세, 이를테면 직접 디지털 도구를 제작하거나 프로그래밍을 배우는 선택은 더할 나위 없이 좋다.

디지털 시스템은 의료 및 노동 현장에서도 소중한 도구로 쓰일 수 있다. 장애인은 잃어버린 신체 부위를 대체할 기술을 얻으며, 신경증으로 고통 받는 환자는 그 아프고 답답한 속내를 속 시원히 털어놓을 수 있고, 간호사와 요양사는 몸을 써야 하는 노고를 덜 수 있다.[49] 다른 한편으로 산업에 투입되는 컴퓨터는 인간이 서로 마주보며 일할 기회를 박탈한다. 이 또한 무시할 수 없는 위협이다. 서로 얼굴을 맞대는 만남이 사라지는 사회는 인간을 고립시켜 소외를 심화한다. 가치와 규범을 공유함으로써 사회를 지탱해주는 '사회자본'이 턱없이 부족해진다. 이로써 관련 종사자는 일할 맛을 잃고 무기력해진다.[50] 의사와 요양사가 환자의 얼굴을 직접 마주하는 가운데 이뤄지는 치료는 의학적으로 대단히 중요하다. 그러나 진단이든 치료든 의사가 알고리즘에 그 결정을 떠넘기는 무책임하고도 위험한 추세가 갈수록 심해진다. 시스템을 잘 통제해가며 도구로 쓰는 대신, 우리(이 경우에는 의사)가 디지털 시스템의 도구로 전락하고 만다. 의료의 상업화는 디지털 기술과 관련해 더욱 위험을 키울 게 확실하다. 알고리즘은 병원의 주인 또는 투자자의 이득을 최대한 쥐어짜는 쪽으로 진단과 처방을 내리기 때문이다. 가맹점 형태의 동네 의원이 속속 늘어나는 최근 독일의 흐름은 의

료의 디지털화와 무관하지 않다.[51]

　우리 서구사회는 깊은 불안에 빠졌다. 돌이켜보면 우리는 몇 가지 잘못을 저질렀다. 팬데믹도 이런 잘못으로 빚어진 결과다. 하지만 불안하고 힘들다고 해서 인생의 모든 것을 디지털 기술에 떠넘기고 현실로부터 도피해 인터넷 공간으로 회피하는 것은 문제의 해결책이 전혀 아니다. 오히려 그런 접근 방식은 상황을 더욱 나쁘게 만든다. 디지털은 우리 인간을 머리를 쓸 줄 몰라 조작하기 쉬운 닭의 무리로 전락시킨다. 현재 벌어지는 사회의 분열은 심각하기만 하다. 현안마다 대립이 극심한 나머지 대화를 해도 소용없다고 여기는 사람이 과반수다. 최신 연구는 외롭다고 느끼는 사람의 증가 규모가 무서울 정도라고 확인해준다.[52] 외로움은 아픔과 스트레스를 느끼는 신경계를 활성화한다. 진통제와 향정신성 약품의 소비가 엄청나게 늘어났다.[53] 현실을 견디기 힘든 나머지 가상공간으로 도피하는 사람이 늘어났다는 방증은 넘치도록 많다(3장 참조). 사회의 결속력은 시민이 건강하게 장수를 누리는 것을 확실하게 예측하는 중요한 지표 가운데 하나다.[54] 우리는 인간의 가장 중요한 특성을 회복해야 한다. 우리는 인간 본연의 힘을 되찾아야 한다. 우리는 현실로 돌아가야 한다.

3장

디지털 중독과
현실감 상실

> "죽어가는 이는 마지막 숨을 고르면서도
> 뭔가 놓친 건 없는지 뉴스 피드부터 확인하지."
> 파더 존 미스티, 〈죽어가는 사람의 발라드〉

2022년 8월의 어느 무더운 여름날이었다. 팬데믹이 여전히 기승을 부리던 때 승객을 가득 태운 고속철을 타고 베를린으로 돌아오던 길이었다. 나는 운이 좋아 식당 칸에 좌석 하나를 얻을 수 있었다. 팬데믹으로 식당 칸은 영업하지 않았다. 나는 데이비스 차머스의 새 책 『리얼리티+』의 영어 원서를 읽고 있었다(이 책의 내용은 4장을 볼 것). 그런데 맞은편에 앉은 젊은 여성이 나에게 말을 걸며 내 직업이 무엇인지 물었다. 열차에서 그런 책을 읽는 내가 수상해 보였던 모양이다. 그녀는 아프가니스탄 출신의 난민으로 현재는 캐나다에 거주하는 교사였다. 새로 찾은 삶의 터전에 잘 적응했으며, 지금은 독일을 여행중이라고 했다. 정신과 전문의라는 나의 대답에 그녀는 갑작스럽게 치솟는 공포에는 어떻게 대응해야 좋으냐고 물었다. 나는 열차 안의 다른 승객을 의식해 되도록 조용히 말하려 노력하면서 공황장애를 막을 대처법을 알려주었다. 약 15분 뒤 다시 책을 읽기 시작했을 때 뒤에서 어떤 남성이 다가와 아주 조심스럽게 내 어깨를 두드렸다. 등을 돌려보니 짙은 피부색의 남자Person of Color(유색 인종)가 정중하게 사과를 하며, 정신과 전문의라는 말을 들었다면서 혹시 딸의 문제를 상담할 수 있겠느냐고 부탁했다. 승객으로 가득한, 더운 여름날 시속 200킬로미터 넘게 달리는 열차 안에서 말하자면 '모바일 진료소'가 개원했다고 할까. 남자가 들려주는 이야기는 영화로 찍어도 손색없을 정도였다.

며칠 뒤 수줍음을 타는 소녀 라크시미가 나에게 상담을 받으러 찾아왔다.[55] 소녀의 가족은 동남아시아 출신으로 독일에서 몇 년간 거주해왔다. 엔지니어인 아버지는 모국의 기업에서 파견된 직원이었다. 부모와 마찬가지로 라크시미의 피부색도 짙었다. 소녀는 유창하게 독일어를 했다. 첫 상담을 했을 때 아이는 가족과 함께 넉 달 전에 베를린으로 이사해 전학한 상태였다. 새 학급 적응은 순조롭지 않았다. 같은 반 아이들은 겉으로는 라크시미에게 예의를 지켰다. 그렇지 않았다면 교사가 개입했으리라. 그러나 인터넷 세상은 달랐다. 소녀들은 개인으로든 그룹으로든 이른바 소셜네트워크에서 활발히 활동했으며, 그곳에서 라크시미를 두고 끊임없이 험담을 늘어놓았다.

소녀들은 누가 더 많은 '좋아요'나 하트를 받는지, 팔로워는 몇 명인지 끊임없이 비교하며, 누구는 좋고 어떤 애는 따돌려야 하는지 조잘댔다. 라크시미는 인터넷에서 쓰는 속어로 비하를 뜻하는 '디스'의 대상이라 놀림만 받았다.[56] 라크시미가 병을 얻은 건 한 사건 때문이었다. 같은 반 여학생 가운데 한 명이 열지 말았어야 할 링크를 건드렸다가 어머니에게 발각되어 호된 꾸중을 들었다. 소녀는 난처한 나머지 그것이 라크시미가 보내준 링크라고 거짓말을 했다. 그 어머니는 라크시미 어머니에게 전화를 걸어 거칠게 항의했다. 거짓말한 여학생은 다음날 라크시미 바로 옆에 앉았으면서도 아무 일도 없는 것처럼 시치미를 뗐다. 이때부터 라크시미는 심각한 증상을 보였다.[57]

라크시미는 병원을 찾아 꼼꼼하게 검진했지만, 몸의 장기에서는 별 이상이 확인되지 않았다. 난감해진 의사들은 '주의력결핍과잉행동장애ADHD' 치료를 위한 약물을 처방했다. 하지만 ADHD는 라크시미의 문제가 아니었다. 아무튼 이런 사정이 고속철에서, 앞서 언급했던 신사가 뒤에서 내 어깨를 조심스럽게 두드린 내막이다. 나는 라크시미를 직접 진찰해보기로 했다. 아이의 상태는 얼마 안 가 좋아졌다. 라크시미는 반을 바꾸었다. 다만 나를 크게 놀라게 한 한 가지가 있었다. 라크시미는 소셜네트워크에서 예전 반 학생들에게 여전히 모욕과 차별을 당했음에도 계정을 없애지 않았다. 상담해주며 내가 두 차례나 그런 활동은 안 하는 편이 좋겠다고 추천했음에도. 라크시미의 속내를 온전히 이해하기까지는 좀 시간이 걸렸다. 라크시미에게 소셜네트워크는 유일하게 중요한 현실 공간이었다. 대다수 어른은 이를 진지하게 받아들이지 않거나 이해하기 힘들어한다. 내가 권고했듯 그 계정을 없애고 활동하지 않는다는 것은 라크시미에게 지구를 떠나 달나라에 가서 살라는 말과 다르지 않았다. 라크시미만 그런 게 아니다. 이 지구상의 수억 명 라크시미는 인생을 뒤죽박죽으로 만드는 디지털 함정에 빠져 헤어나올 줄 모른다.

분산된 주의력과 현재의 상실

아이를 데리고 있는 어른을 떠올려보자. 집에 있든 길을 가든 아니면 유치원에서든. 아이는 아버지나 어머니 또는 교사가 자신에게 관심을 보이기를 원한다. 아이의 감정을 헤아릴 줄 아는 어른은 아이가 굳이 입을 열지 않아도 이렇게 말하는 소리를 듣는다. "나 좀 봐줘요. 이야기 좀 해줘요. 목소리 좀 들려줘요. 나를 봐서 좋죠!" 하지만 어른은 끊임없이 또는 짧은 간격을 두고 거듭 스마트폰을 들여다본다. 어른은 옆에 있는 아이보다 디지털 단말기가 더 신경쓰인다. 스마트폰을 보지 않더라도 정신은 '어딘가 다른 곳'에 가 있다. 어른의 속내도 목소리로 들어보자. "누가 나한테 메시지를 보내지 않았을까? 사람들이 제발 나한테 관심 좀 가져줘야 할 텐데." 아이 옆에 있지만 어른의 정신은 다른 데 가 있다. 옆에 있지만 없는 어른을 보며 아이는 뭔가 이상함을 직감한다. 어른은 이런 걸 짐작조차 하지 못한다. 마치 최면에라도 걸린 듯 몸과 마음이 따로 노는 자신의 모습이 아이에게 어떤 영향을 미칠지 어른은 모른다. 아니, 이런 정신 팔림이 자신에게 어떤 해악을 부르는지도 모른다. 누구를 손가락질할 생각일랑 하지 말자. 지금 묘사한 행동을 하는 사람은 '다른 누구'가 아니라, 바로 '우리 자신'이다.

문제는 아이만이 아니라 우리 모두의 것이다. 예전에 우리는 팔짱을 끼고 다정하게 이야기를 나누며 걷는 연인을 심심찮게 볼 수 있었다. 그러나 요즘은 다르다. 남자는 오른팔로 여자를 감싼 채 왼손에 든 휴대폰을 귀에 대고 통화하기 바쁘다. 동료나 친구와 점심 약속을 하고 저녁 초대를 주고받는다. 아무튼 어디서나 비슷한 통화가 되풀이된다. 언제 밥이나 한번 먹자. 어렵사리 시간을 내 마주 앉은 자리에서도 사정은 크게 다르지 않다. 식사하며 대화를 나누면서도 눈길은 끊임없이 스마트폰 화면을 확인한다. 전화가 들어오는 신호음이 울려도 요새는 사람들이 "잠깐 실례합니다" 하고 양해를 구하지도 않는다. 자리에 있는데 없는 상태, 상대에게 보이는 실제적인 관심의 상실이 꾸준히 늘어난다. 현실감 상실은 결국 피할 수 없는 결과다. 이 문제는 '다른 사람' 또는 스마트폰의 문제가 아니다. 문제는 바로 우리 자신이다. 그런데 정확히 뭐가 '문제'일까?

주변 사람들의 관심과 존중을 받는 일은 인간이 가진 욕구 가운데 가장 강력한 것이다. 타인의 관심은 우리에게 에너지를 불어넣어 생동감을 느끼게 해주며 즐겁게 인생을 살 수 있게 해준다. 타인이 나를 '보아주었으면 하는 욕구'는 인간 안에 뿌리를 드리운 근본 동기, 모든 본능 가운데 가장 강렬한 것이다. 찰스 다윈은 이미 이런 본능을 주목하고, "인간의 사회적 본능"이라고 표현했다.[58] 인간의 타고난 행동 본능은 오늘날 객관적으로 연구 가능하다. 어떤 목표를 이루려 행동할 때 신경계가 활동하는 방식을 얼마든지 들여다볼 수 있기 때문이다. 신경계는 칭찬받아 마땅한 목표를 목전에 두었거나 이룩했을 때 우리 몸에 보상 호르몬, 아주 좋은 기분을 맛보게 해주는 호르몬을 제공한다. 아무런 구체적 계기 없이 아픔이나 피해를 입히는 사람에게서 신경계의 이런 활동은 일어나지 않는다. 동기부여의 신경계를 활성화하는 것은 존중, 인정, 소속감, 요컨대 다른 사람들이 나에게 품는 호감이다.

다른 사람과 교류를 나누고 싶다는 갈망이야말로 스마트폰과 소셜미디어에 매달리게 만드는 결정적 동기이다. 하지만 스마트폰과 소셜미디어는 이 갈망을 충족시키기는커녕 정반대의 불행을 부른다. 의학과 심리학은 이미 몇 년 전부터 연구를 통해 이런 부작용을 확인해왔다. 어째서 디지털 기술은 우리를 불행에 빠뜨릴까? 어떤 다른 사람과 함께 있는 자리에서 작동하는 스마트폰은 우리의 머릿속에 다음과 같은 무의식적 작용을 불러일으킨다. 마주 앉은 상대는 나에게 온통 주의를 집중한다. 나는 무의식적으로 이 사람의 관심은 확실히 내 것이라고 믿는다. 그 관심은 잃을 리도 없고, 발이 달려 사라지는 것도 아니다. 그러나 스마트폰에 들어오는 메시지 또는 통화의 수신음은 지금 당장 확인해야 한다. 그러지 않으면 그것을 잃을까 두렵다. 놓쳐서는 안 되기에 나는 조바심부터 낸다. 얼마든지 수긍이 가는 조바심이다. 하지만 이 두려움은 심각한 오산의 결과다. 그 피해는 주의력이 산만해진 나(가해자)는 물론이고 주의력을 빼앗긴 상대방(피해자)도 입는다.

다른 사람과 아날로그 만남을 가지면서 주의력을 스마트폰에 빼앗기면, 상대가 나에게 보여주는 관심은 그 심리적 '영양가'

를 잃을 수밖에 없다. 앞서 언급했듯 타인의 관심은 나를 북돋 워주는 신경계 활동을 촉발할 에너지원이다. 이런 활성화는 아날로그 만남의 상대방이 베푸는 관심에 나 역시 '상응하는 관심'으로 답할 때만 일어난다. '상응하는 관심'이 없다면 타인의 관심은 나의 동기부여 시스템에 배달되지 못한다. 수신인이 집에 없고 '다른 곳'에 있다면 소포가 배달될 수 없듯이. 실재하는 상대방의 관심 또는 선의에 보답할 수 있으려면, 나는 무엇보다도 그와 교류를 나누어야 한다.[59] 스마트폰과 거기 설치된 앱이 우리의 사회적 교류를 '양적으로 늘려주기'는 하지만, 다시 말해서 숫자로 헤아릴 상품으로 만들어주기는 하지만 우리는 '질적인 손실'을 입는다. 그리고 이 손실은 결정적 해악을 끼친다.

겉보기로 스마트폰은 우리의 사회적 결속을 대폭 늘려주는 것만 같다. 하지만 숱한 접속이 곧 사회적 결속을 뜻하지는 않는다. 지인에게 식사 초대를 받아 요리가 훌륭한 어떤 식당의 실외 테이블에 앉았다고 가정해보자. 파라솔 아래서 기분 좋게 식사를 즐기는데 계속해서 전단지 돌리는 사람이 지나가며 근처 다른 식당의 광고지를 손님들 손에 건넸다. 그때마다 눈빛을 빛내며 홍보지를 살피면서 잘 접어 호주머니에 챙긴다면 돈과 시간을 아끼지 않고 초대한 사람은 어떤 기분일까? 그 결과는 당연히 겉도는 관계로 귀결된다. 만남이 끝나갈 즈음 관계의 즐거움과 영양가는 현저히 줄어들고 만다. 스마트폰은 사회적 교류를 수량으로 측정하는 사건으로 만들어 정말 중요한 것을 파괴한다. 우리 인간은 아날로그 현재에서 서로 얼굴을 마주 볼 때 진정한 교류를 나눈다.

분산된 주의력이 얼마나 파괴적인지는 간단한 되돌아봄만으로도 확실히 알 수 있다. 실제 만남에 응했는데 상대가 '다른 어딘가'에 정신이 팔려 있다면 기분이 어떨까? 우리는 누구나 그런 경험이 어떤 느낌을 주는지 잘 안다. '로고테라피'의 창설자 빅토르 프랑클*은 우리가 인생의 구체적인 상황에서 맞닥뜨리는 물음을 귀담아듣고 그 답을 찾으려 노력할 때 비로소 인생의 의미를 찾을 수 있다고 설파한다.[60] 나는 프랑클의 이런 가르침이 얼마나 소중한 것인지 이 책을 쓰며 한 경험으로 깨달았다. 원고를 쓸 때 한창 걸음마를 배우던 18개월 손녀가 부모와 함께 나를 찾아왔다. 늘 그랬듯 책상으로 다가온 손녀는 그 앙증맞은 팔을 들어 작은 손을 책상 위 유리판 위에 올려놓고는 아

---

* Viktor Frankl(1905~1997), 오스트리아 태생의 유대인 심리학자이자 신경학자이다. 과거의 욕구불만이나 상처에서 문제의 원인을 찾는 프로이트의 정신분석이나 개인의 성향에 초점을 맞추는 아들러의 개인심리학에 반대한 프랑클은 의미 상실에 주목하고 새로운 의미를 찾는 미래지향적 해결 방식을 추구한다. 의미 중심의 이런 치료법을 '로고테라피'(Logotherapy)라고 한다. 홀로코스트 생존자인 프랑클은 그 증언 문학으로도 우리에게 큰 울림을 준 인물이다. 그의 저서 『죽음의 수용소에서』가 잘 알려져 있으며, 국내에서는 빅터 프랭클로 표기하는 경우가 많으나 여기서는 독일어로 읽어 빅토르 프랑클로 적었다.

무 말도 하지 않고 그 커다란 눈으로 나를 물끄러미 올려다보았다. 나를 향한 아이의 눈빛은 빅토르 프랑클이 던진 질문을 머금고 있었다. 비록 입 밖으로 똑똑히 말한 것은 아니었지만, 그 눈빛은 분명 이렇게 물었다. "나 여기 있어요, 내가 보이죠, 나와 놀아줄래요?" 그 맑은 눈을 앞에 두고 스마트폰이나 들여다본다는 태도가 용납될 수 있을까? 또는 원고를 쓴답시고 노트북의 자판이나 계속 두들겨야 할까? 그런 무시에는 누구든 심장이 무너지지 않을까? 그러나 안타깝게도 우리는 이런 무시가 무엇을 뜻하는지 느끼는 법을 잊고 말았다.

  오늘날 많은 아이들은 관심을 오로지 가까이 있는 어른에게로 향했음에도 '어딘가 다른 곳'에 있는 어른에게 무시당하는 경험을 하루에도 여러 차례 한다. 아이와 청소년이 언젠가 직접 디지털 단말기를 손에 쥐었을 때 부모가 말도 걸지 못하게 하며 딴청만 피우는 게 놀라운 일일까? 자신이 겪은 그대로 되갚아주는 게 아닐까? 내 귀여운 손녀는 그래도 운이 좋은 편이다. 아기와 부모는 대다수 어른이 아이들을 손수 돌보는 것을 커다란 기쁨으로 여기는 유럽 남부 국가에 거주한다. 스마트폰은 언제 어떻게 쓸지 '우리'가 주인 노릇을 제대로 하는 한 환상적인 도구이기는 하다. 다만 조건은 분명하다. '우리'가 스마트폰의 도구가 되는 일이 없어야 한다.

인간관계에 스마트폰이 끼치는 폐해는 그동안 널리 퍼진 나머지 과학으로 연구해야 할 대상이다. 파트너 관계인 수백 명을 상대로 이뤄진 어떤 연구는 함께 있는 자리에서 스마트폰을 보거나 꺼내는 통에 모멸감을 겪는다고 답한 비율이 90퍼센트가 넘는 것으로 확인했다.[61] 사회학은 휴대폰 탓에 생겨나는 이런 현상을 '퍼빙phubbing'이라고 부른다. 이 신조어는 '폰phone'과 '스너빙snubbing'을 합성한 것이다(영어 snubbing은 누군가를 타박하거나 냉대한다는 뜻이다). 당사자는 파트너의 행동을 굴욕적으로 받아들이고 스트레스에 시달렸다. 파트너 곁에서 안전하고 편안했으면 하는 감정은 이로써 심각하게 훼손된다. 한 영어 논문도 같은 현상을 확인해준다. '퍼빙' 탓에 관계가 망가졌다고 생각하는 사람들은 끓어오르는 화를 참지 못해 복수 욕구까지 드러낸다고 한다.[62]

소셜미디어 1. 창설 단계

주의력을 사로잡아 현재를 살지 못하게 훼방놓는 스마트폰의 고약한 능력은 이른바 '애플리케이션', 곧 '앱' 때문에 생겨난다. 나중에 좀더 자세히 살펴볼 '온라인 게임' 외에 소셜미디어 또는 네트워크 앱들이 특히 그러하다. 대표적인 예는 '페이스북' '인스타그램' '틱톡' '스냅챗' '트위터' 따위다.[63] 소셜미디어는 수억 명의 사람들 인생을 바꿔놓았다. 이들 가운데 결코 적다고 할 수 없는 사람들이 소셜미디어 탓에 삶의 균형을 잃었으며, 심지어 병에 걸려 신음한다. 그저 소수만 겪는 문제를 이야기하는 것이 아니다. 전 세계 인구의 70퍼센트가 휴대폰을 가졌으며, 페이스북과 인스타그램에 계정을 가진 회원은 35억 명이다.[64] 두 기업은 마크 저커버그의 '메타'*라는 기업의 자회사다. 소셜미디어는 라크시미의 사례에서 본 것처럼 인생에 없어서는 안 될 공간으로 부풀려졌다. 나를 찾아오는 환자 가운데 이 가상공간 탓에 병에 걸린 경우도 드물지 않다.

정신건강을 위협하는 디지털 미디어의 심각성은 적잖은 시간이 흐르고 나서야 인지되기 시작했다.[65] 소셜미디어의 개발에 참여하다 나중에야 그 잠재적 심각성을 눈치챈 디지털 기업 내부자들이 이 문제를 다룬 흥미로운 책들을 펴냈으며,[66] 관람할 가치가 충분한 영화의 제작에 참여했다.[67] 어디까지나 도구일 뿐 우리가 그 도구, 정확히는 디지털 기업의 도구로 전락하지만 않는다면 디지털 기술은 우리의 인생을 보다 더 쉽고 더욱 풍요

---

* 메타(Meta Platforms inc.)는 페이스북이 2021년부터 변경한 회사 이름이다. '메타버스' 육성을 목표로 한다.

롭게 만들어줄 수 있다. 하지만 시스템이 우리를 조종하기 시작하는 '티핑 포인트'를 이미 넘어섰다. 소셜미디어는 특히 아동과 청소년에게 막강한 영향력을 행사해 현재에 충실한 정신력, 맑은 두뇌로 아날로그 현실을 지켜낼 정신력을 흐려버린다.

스마트폰의 매력은 그 플라스틱이나 메탈 케이스가 빚어내는 게 아니다. 그 케이스 안에 숨겨진 유혹, 곧 사회적 결속을 이루어준다는 '소셜미디어 앱'이 매력의 원천이다. 사람들이 너를 알아봐줄 거야, 너도 '셀럽'이 될 수 있어. 약 20년 전 이런 욕구를 어떻게 해야 실현해줄 수 있을까 궁리한 끝에 토머스 앤더슨 그리고 나중에 마크 저커버그는 인터넷에 일종의 사회적 만남의 장소를 꾸며보겠다는 발상을 하기에 이르렀다. 앤더슨은 2003년에 '마이스페이스'를, 저커버그는 아직 대학생이던 2004년에 '페이스북'을 창설했다. 두 회사의 창업은 소셜네트워크의 탄생을 알린 신호탄이다.[68] 이제 원하는 사람은 누구나 컴퓨터로 접속해 회원 가입을 하고 이른바 '계정'을 만들어 인터넷이라는 가상공간에서 교류를 나눌 수 있게 되었다. 그러나 소셜네트워크는 2007년에 접어들어서야 비로소 본격적인 활황을 누렸다. 그해에 애플이 첫번째 휴대용 미니컴퓨터인 스마트폰을 출시했으며, 2010년부터는 다른 스마트폰 제조업체도 속속 제품을 선보였다. 그때부터 소셜네트워크에 언제 어디서나 접속할 수 있게 되었다.

소셜미디어 2. 기업의 돈줄이자 정치 조작의 도구

소셜미디어 플랫폼의 운영자는 그 이용자들이 주고받은 메시지를 읽고 얻어낸 데이터로 영업을 한다. 그 작업을 하는 것은 디지털 텍스트 분석 시스템이다. 이렇게 얻어낸 데이터를 활용해 운영자는 모든 이용자의 개인 프로필을 만든다. 간단히 말해서 디지털 기업의 돈줄은 수억 명 이용자의 개인정보다. 이것을 소셜미디어 운용자는 기업과 각종 정치 관련 업체에 판매한다. 홍보와 여론조사와 선거 전략 따위의 작업에 이런 개인 정보는 더할 나위 없이 요긴한 것이다. 친구나 지인과 소셜미디어 계정을 통해 소식을 주고받은 뒤 얼마 지나지 않아 기가 막힐 정도로 의중을 꿰뚫어본 것만 같은 광고가 날아드는 이유가 바로 이것이다. 광고의 이런 역제공(이른바 피드)[69]은 특정 소셜미디어 채널뿐만 아니라 브라우저나 검색엔진 등 우리가 이용하는 다양한 인터넷 채널을 통해 이루어진다. 이렇게 해서 소셜미디어 계정의 이용자는 고객이 아니라, 데이터 공급원이라는 상품으로 전락하고 만다. 플랫폼 운영자는 이 상품으로 영업해 돈을 번다. 소셜미디어 기업은 불과 몇 년 만에 그야말로 천문학적 규모의 부를 자랑하는 업체로 발돋움했다.

소셜네트워크가 발휘하는 정치적·사회적 영향력은 그 경제적 힘 못지않게 막강하다. 이용자에게 커뮤니케이션 플랫폼을 마련해주고 기업에 광고 기회를 제공하는 것을 넘어 소셜네트워크는 정치 뉴스를 널리 퍼뜨리는 장으로 활용된다. 많은 사람, 특히 젊은 층은 예전 같으면 방송이나 신문을 보고 얻던 정치 뉴스를 이제는 소셜네트워크의 '뉴스 피드'에 의존한다. 이런 환경을 이용해 정치 선동가뿐만 아니라 정부의 공적 기관조차 입맛대로 뉴스를 주물러가며 여론에 영향을 미친다. 물론 이런 활동에는 네트워크 운영자도 빠지지 않는다. 개인 프로필을 바탕으로 이용자에게 그 성향에 맞춤한 정보를 제공해주면서 운영자는 이용자가 빠져나가지 않고 자사의 플랫폼에 머무르게끔 유도한다.[70]

맞춤형 정치 정보를 이용자의 성향에 딱 맞추어 공급한다는 것은 다양한 이용자 집단이 저마다 완전히 다른 정보를 얻는다는 뜻이다. 사람들이 저마다 '거봐 내가 맞지' 또는 '아니 어떻게 이럴 수가' 하는 반응을 보이는 이유가 달리 있는 게 아니다. 게다가 소셜네트워크는 애초부터 목소리 크고 요란한 도발을 일삼는 쪽이, 열린 자세로 냉철하게 생각하며 합리적 목표를 추구하는 사람을 누르고 이기는 역학관계를 자랑하도록 설계되었다. 난장판의 악순환이 끊이지 않는다. 대중은 갈수록 감각이 무뎌지고 어떤 일이든 쉽게 잊는 통에 갈수록 더 자극적인 선동이 기승을 부린다. 예전에는 그래도 토론이라는 것이 이루어졌다. 모두 대형 방송사의 뉴스 방송 또는 대형 신문의 보도를 봤기에 '공통의 뉴스'를 토대로 서로 다른 생각을 밝히고 의견 차이를 줄여가는 토론이 얼마든지 가능했다. 오늘날은 이와 반대로 하나의 사회 안에서 저마다 다른 집단들이 소셜네트워크로 완전히 다른 뉴스를 '먹고 산다'. 이 기괴하기 짝이 없는 현실감 상실, 아니 현실 상실은 사회 내부의 공감대를 짓밟으며 극심한 분열을 조장한다. 이로써 정치적 조작이 그야말로 활개를 친다.[71]

소셜미디어 3. 네트워크로 인생의 중심을 옮기다

소셜미디어 운영자의 영업 모델은 최근 몇 년 동안 많은 비판을 받았다. 그러나 나는 그동안 별로 주목받지 못한 측면을 이야기하고 싶다. 소셜네트워크의 이용자들은 그 계정을 이용해 자신의 인생 일부를 현실이 아닌 '다른 어딘가'에 옮겨놓는다.

앞서 이미 수차례 언급한 그 어딘가로. 나의 환자 라크시미와 마찬가지로 이용자들은 자신의 자아 가운데 핵심적인 부분을 아날로그 영역에서 디지털 공간으로 옮겨놓는다. 나는 이런 옮겨놓음을 '현실 변이'라 부르고자 한다. 소셜미디어라는 디지털 공간은 아날로그의 지금 여기와는 다른 규칙의 지배를 받는다. 디지털 공간에 사로잡힌 인간은 아날로그 현실에서 방향감각을 완전히 잃는다. 안타깝게도 사람들은 소셜미디어의 이런 치명적인 악영향을 과소평가한다.

소셜미디어 이용자는 자신의 일부를 가상공간에 옮겨놓는 '변이'로 새로운 종류의 사회관계 규칙에 굴복해야만 한다. 소셜네트워크는 대개 어떤 이용자의 계정이 다른 이용자들에게 얼마나 많은 관심을 받는지 노출한다. 이용자가 올린 사진이나 글에 다른 이용자는 호감 또는 반감의 표시를 누른다. 물론 이런 표시는 제삼자가 볼 수 있게 노출된다. 이렇게 해서 이용자 사이에는 경쟁 구도가 생겨난다. 바로 그래서 대다수 이용자는 소셜네트워크에서 잘 보이기 위해 갖은 노력을 아끼지 않고 자화상을 꾸며댄다. 불타오르는 사회적 시기와 질투는 서로 상대를 두고 나쁘게 말하게 만든다. 이런 흐름은 실명 또는 대개 익명으로 공격적 댓글이나 비방을 거침없이 쓰는 상황을 초래한다.

이런 상황이 싫다면 소셜네트워크에서 탈퇴하고 계정을 삭제하면 되지 않느냐고 반문하는 사람도 있으리라. 하지만 상황은 그리 녹록지 않다. 같은 네트워크에 친구와 지인도 회원으로 활동하기 때문이다. 이들 역시 자아와 인생 현실의 일부를 소셜미디어에 옮겨놓고 그곳에서 서로 소통한다. 계정을 지우고 탈퇴하면 당사자는 사회적으로 고립되는 느낌에 시달린다. 결국 모두가 거기 사로잡힌 포로가 된다.[72] 이렇게 해서 사회적 결속이라는 당근, 그 대가가 얼마든 서로 치르겠다고 아우성을 치는 당근은 숱한 이용자를 소셜네트워크에 의존하게 만든다.

소셜미디어 4. 학술 연구는 무슨 말을 할까?

신뢰할 수 있는 관찰 및 데이터에 기초한 학술 연구는 무엇보다도 젊은이들에 주목했는데, 그 이유는 2010년 이후에야 스마트폰이 대중에 널리 보급되었기 때문이다. 최초의 대규모 소셜미디어 플랫폼인 '마이스페이스'와 '페이스북'은 앞서도 언급했듯 2003년과 2004년에 설립되었지만 대다수 국민은 스마트폰이 출현하고 나서야 비로소 그 앱을 설치해 활용할 수 있었다. 사람들은 이제 가정용 컴퓨터에 매이지 않았다. 청소년기의 끝무렵 또는 갓 청년이 되어 스마트폰과 소셜미디어를 접한 사람들은 이미 전통적인 사회 구조, 곧 아날로그 사회에 적응한 상태였다.

스마트폰과 소셜미디어는 물론 모든 연령대의 사람들에게 영향을 미친다. 하지만 이 새로운 기기와 시스템은 특히 2010년 이후 출생한 젊은이에게 '결정적 영향력'을 행사한다. 2010년 이후 출생자들, 매년 늘어나는 이 젊은이들은 애초부터 스마트폰과 소셜미디어에 맞춘 사회생활을 한다. 바로 그래서 이들은 연구의 특별한 대상이다. 물론 아동과 청소년에게서 관찰할 수 있는 그 영향력의 결과는 그보다 먼저 태어난 사람들도 보여준다. 비록 어린 세대보다는 영향을 덜 받았다 할지라도. 그럼 대체 이 영향은 정확히 무엇일까? 자아를 가상공간에 가두어 현실을 상실하는 '변이'는 정말로 이 영향 때문에 일어날까?

일단 통계부터 살펴보자. 독일 국민 가운데 스마트폰 이용자는 90퍼센트이다. 12~19세 사이에서는 95퍼센트가 넘는다.[73] 2023년 3월에 발표된 연구, 함부르크대학병원과 독일직장인의료보험이 함께 조사한 바에 따르면 독일에서 거주하는 10~17세 청소년 중 89퍼센트가 소셜미디어 계정을 주기적으로 사용한다.[74] 매일 쓰는 청소년은 74퍼센트이다. 이 연구대로라면 독일에서 1200만 명의 아동과 청소년이 하루에 4시간 이상을 소셜미디어에서 보낸다.[75] 이 세대의 23퍼센트가 넘는 아동과 청소년은 세계보건기구가 정한 소셜네트워크 사용의 위험 한계선 또는 병리적 한계선을 넘어선다.[76] 23퍼센트라는 이용자 비율은 빙산의 일각일 뿐이다. 주중 평일에 3시간 이상 그리고 거의 매일같이 소셜네트워크에 머물러 활동하는 아동과 청소년은 40퍼센트가 넘는다. 이는 10~17세 아동·청소년 2100만 명에 해당한다(일요일과 공휴일에는 54퍼센트다).

앞서 언급한 통계가 현실을 정확히 반영한 것으로 보기는 힘들다. 오히려 그 실상을 최소한 줄여서 반영했다고 보는 것이 맞다. 아동과 청소년은 학술 설문조사에서 사회가 의당 이래야 한다고 요구하는 것에 맞추어 답하려는 경향을 보이기 때문이다. 나는 이미 오래전부터 교육 현장의 교사들에게 신경학 연수를 받아달라고 부탁해왔다. 학급의 학생들에게 소셜미디어에서 보내는 시간을 물어 정확한 답을 얻으려면 신경학 배경지식이 꼭 필요하기 때문이다. 학생들이 교사에게 꾸밈없이 밝힌 속내는 이랬다. 족히 3분의 1에 해당하는 학생들이 매일 4~8시간을 소셜미디어에서 서로 소통한다고 했다. 놀라울 정도의 소셜네트워크 탐닉은 아동과 청소년에만 국한하지 않는다. 어떤 연구는 부모의 경우도 함께 살폈다.[77] 소셜미디어를 매일 이용하는 부모는 전체의 72퍼센트였다. 21퍼센트는 하루에 3시간 이상 그곳에 머물렀다.

연구는 이런 통계뿐 아니라 네트워크를 찾는 동기가 무엇인지도 물었다. 청소년의 3분의 1 이상은 그 중요한 동기로 현실에서 벗어나고 싶다거나 일상의 걱정을 잊고 싶다는 희망을 꼽았다. 부모의 경우는 '걱정을 잊고 싶다'가 24퍼센트, '현실에서 벗어나고 싶다'가 16퍼센트였다.[78] 아무튼 '현실감 상실'은 어느 모로 보나 분명하다. 그 결과 아동과 청소년 가운데 친구와 만나는 데 시간을 쓰는 쪽은 대략 60퍼센트, 운동을 즐기는 쪽은 고작 절반 정도이며, 가족과 함께 시간을 보내는 쪽은 겨우 3분의 1 정도에 불과했다.[79]

소셜네트워크를 이용한다는 것은 인생을 살아가는 공간을 아날로그에서 디지털로 옮겨놓는 일이다. 옮겨놓되 비틀어 왜곡하는 이런 '변이'는 무엇보다도 이용자의 '자아'를 건드린다. 많은 이용자는 자신의 개인적 정체성을 네트워크에 옮겨놓고 꾸며대지 않는가. 내가 여기서 '정체성'이라 부른 것은 자신이 누구인지, 자신에게 무엇이 중요하며, 어떤 것을 지키고 이를 위해 기꺼이 싸우고자 하는지 인간이 믿는 바로 그것이다. 소셜미디어 계정에서 사진, 이른바 '동영상 짤', 텍스트 또는 음성 녹음으로 자신의 자아를 끊임없이 멋지게 꾸미고 돌보며 많은 시간을 아끼지 않는 사람이 그 수를 헤아릴 수 없을 정도로 엄청나게 늘어났다. 특히 젊은 세대 중 많은 수가 아날로그 현실에서 체험하는 것을 소셜미디어 계정, 예를 들어 인스타그램에서 자신을 꾸미고 연출할 재료로만 여긴다. 이런 연출은 젊은이들이 유일하게 '진짜 인생'으로 여기는 것이 되었다. '인스타그램화'하기에 적절치 않은 것(다시 말해서 인스타 계정에 업로드하기에 적당하지 않은 것)을 사람들은 가치가 별로 혹은 전혀 없는 것으로 여긴다.

아날로그에서 디지털로 삶의 터전을 옮겨놓는 변화는 일단 이루어지면 되돌리기 어렵다. 아날로그 생활의 풍요로움(이를테면 서로 얼굴을 마주보며 하는 약속, 공원이나 자연으로의 소풍, 동호회 활동, 취미 생활, 댄스, 스포츠, 음악 등등)은 오래 가지 않아 소홀함으로 말미암아 회복하기 힘들게 무너진다. 미국에서 14~18세 청소년이 동년배와 아날로그 약속을 하고 만나는 일은 2000년의 47퍼센트에서 2016년 27퍼센트로 줄었다. 2010년대에 접어들며 나타난 특히 가파른 하락세는 스마트폰이 소셜네트워크에 날개를 달아주던 시기와 딱 맞물린다.[80]

소셜미디어의 세상에 빠진 나머지 현실 인생을 소홀히 하는 태도는 아날로그 인간관계에 심각한 후유증을 부른다. 가족과 친구와 멀어질 뿐만 아니라, 학업과 일이라는 일상의 중요한 의무마저 저버리는 것이 그 후유증이다. 꼭두각시처럼 '소셜미디어 커뮤니케이션'이 조종하는 줄에 휘둘리는 인간은 주변 사람,

무엇보다도 주위의 아동에게 충분한 관심을 기울이지 못한다. 아동과 청소년도 늘 네트워크에 머무느라 가족과 멀어지며 학교 공부를 등한시한다. 소셜네트워크는 거대한 소용돌이처럼 수많은 사람을 빨아들여 흔적도 없이 사라지게 만든다.

소셜미디어 5. 경쟁과 질투와 증오의 끝

병적인 중독에 빠지는 사람이 너무 많은 나머지 WHO는 시급히 이 증세를 다룰 진단 기준을 세웠다.[81] 이른바 '소셜미디어 사용 장애Social Media Disorder'는 과도한 소셜네트워크 사용으로 자신을 통제할 능력을 잃게 되는 것을 뜻한다. 늘 네트워크에 머무르느라 다른 일을 뒷전으로 내모는 태도는 가족과 심각한 갈등을 빚게 만들 뿐만 아니라, 학교나 일터에서 온전히 집중하지 못하게 하는 심각한 부정적 결과를 낳는다. 몇 시간이고 디스플레이만 노려보는 통에 몸은 곳곳에서 아픔의 비명을 지른다. 디지털 단말기를 이용하는 청소년의 33퍼센트는 목에 통증을 호소한다. 24퍼센트는 눈이 메마르거나 가려운 증상을 겪는다. 18퍼센트는 아래팔 또는 손이 아프다고 한다.[82] 우울증이 심해지며, 사소한 좌절감에 충동적으로 감정을 분출하고 전반적으로 스트레스 호르몬이 엄청나게 늘어나는 따위로 정신적 질환도 나타난다.

소셜네트워크는 무자비할 정도로 서로 끊임없이 평가하고 평가받는 플랫폼이다.

독일에서 12~19세 청소년 48퍼센트는 네트워크상에서 개인적인 증오 댓글에 공격당한 적이 있다고 한다.[83] 그 결과 소셜미디어 이용이 잦은 청소년은 건강 이상은 말할 것도 없고, 우울증을 앓을 확률이 100퍼센트 더 높아지며, 공황장애에 사로잡혀 외로움이라는 감정에 시달린다.[84] 상실된 현실세계와의 결속은 소셜네트워크가 보상해줄 수 없다. 네트워크에서 이뤄지는 접촉은 관심을 끌고 인기를 얻으려는 경쟁으로 얼룩져 유해하기가 이를 데 없다.

소셜네트워크만으로 진짜 우정을 쌓을 수 없다. 몸과 몸이 마주 앉는 일이 없기에 서로 눈빛을 들여다볼 수 없으며, '터치'도 불가능하다. 이런 마당에 우정을 키울 마음의 '자양분'이 어찌 남아날까. 그저 네트워크는 이용자가 화려한 '퍼포먼스'로 자신을 꾸며 보이게 유도하면서 겉보기에만 치중되게 할 따름이다. 젊은 세대, 그중에서도 여성은 동년배와 끊임없이 비교하고 비교당하면서 엄청난 심리적 압박을 받고 자기 몸에 실망한 나머지 외모를 바꾸려 한다. 숱한 젊은 여성이 성형수술을 하는 이

유가 달리 있는 게 아니다.[85]

  이 모든 것을 종합적으로 살필 때 우리에게 남는 방법은 한 가지뿐이다. 소셜네트워크 이용자는 지금 활동하는 곳이 어디인지, 이 서비스를 받아들여 이용한다는 것이 무엇을 뜻하는지 비판적으로 바라볼 안목을 키워야 한다. 스마트폰은 환상적인 도구임이 틀림없다. 다만 이 기술을 언제 어떻게 써야 할지를 다른 누구도 아닌 우리 자신이 정해야 한다. 거꾸로 스마트폰이 우리의 행동을 결정해 반사적으로 아날로그 사회 현실로부터 도피하게 만든다면 스마트폰이 우리를 도구로 만드는 위기의 티핑 포인트에 이미 도달한 게 된다. 소셜네트워크는 생명이 약동하는 삶의 현실을 디지털 공간으로 옮겨 그곳에 가두어놓는다. 자신의 고유한 정체성을 네트워크 계정에 가두고 그저 모든 관심을 이 가상 정체성 꾸미는 일에만 쏟는 기괴한 일은 이렇게 해서 벌어진다. '퍼포먼스', 겉보기에만 매달리는 경쟁은 마음을 건강하게 키울 모든 영양가를 앗아가버린다. 인간이 자신의 본질에 충실하지 못하게 만드는 모든 관심이 대체 무슨 소용일까?

온라인 게임 1. 게임의 의미

게임을 게임으로 만드는 것은 무엇일까? 게임이 인간의 인생에 무슨 의미가 있는지 쉽게 정의하고 말할 수 있다면, 아마도 그것은 게임이 아니지 않을까? 게임을 게임으로 만드는 핵심 본질은 한 스푼의 불확실함이다. 게임이 어떤 특성을 가졌음을 인정하기 무섭게 우리는 게임이 그 반대의 특성 또한 가진다는 점을 확인한다. 게임을 게임으로 만드는 것은 이런 대립 사이에 균형을 잡아주는 감각이다. 게임을 즐기는 사람은 자유와 철저한 규칙 사이에서, 아무 목적 없는 즐거움과 게임 목적 사이에서, 시간을 잊어버림과 시간의 제한 사이에서 균형을 잡아야 한다. 이처럼 게임의 특징을 이루는 대립 쌍은 얼마든지 찾아볼 수 있다. 게임을 즐긴다는 것은 자신의 솜씨를 확인하면서도 자신을 잊는 몰아의 경지, 번뜩이는 기민함과 침착함, 집중과 자유 사이에서 균형을 잡아야 함을 뜻한다. 게임은 지금껏 살아온 정체성의 실현 그리고 정체성을 바꿀 가능성, 이 두 가지를 모두 이뤄주겠다고 유혹한다. 물건도 게임에서는 지금껏 우리가 당연시해온 것이면서 전혀 다른 것이 될 수 있다. 게임은 개성은 물론이고 사회적 결속도 경험하게 해준다. 확실하면서 위험한 것이 게임의 본질이다. 익히 아는 오래된 것을 되풀이하는 게 확실함이며, 뭔가 새로운 것을 실험하는 짜릿함은 위험을 무릅쓰게 한다. 게임은 인간의 몸과 정신에 두루 관계한다. 세상의 물질과 접촉할 수 있게 해주면서도 그 물질에 구속되지 않을 방법을 상상할 수 있게 해준다. 이처럼 여러 차원이 함께 맞물릴 가능성을 보여주기 때문에 인간은 게임을 좋아한다. 아무런 강요 없이 즐겁게 자신의 여러 차원을 펼침으로써 자아를 실현할 유일한 플랫폼을 게임이 제공해주는 것만 같기 때문이다. 프리드리히 실러의 저 유명한 문장은 인간이 게임에 거는 희망을 아주 잘 담아냈다. "인간은 놀이를 할 때만 온전히 인간답다."[86]

게임과 현실은 서로 영향을 주고받는다. 강제가 없다는 점, 다양한 레벨로 지위의 등급을 나누어놓았다는 점에서 게임은 인간의 노동과 다르다.[87] 노동은 주지하듯 꼭 처리해야 하는 무수한 강제에 시달린다. 꼭 해야만 한다는 강박은 한편으로 외부 세계의 현실, 다른 한편으로는 노동의 사회적 조직 탓에 생겨난다. 외부 현실이든 사회 현실이든 이 두 가지는 바꿀 수 없는 것은 아니지만, 쉽게 무력화할 수 있는 것도 아니다. 이런 사정은 게임도 마찬가지다. 게임 솜씨가 아무리 뛰어나도 현실은 바뀌지 않는다. 게임 규칙은 바꿀 수 없는 것은 아니지만, 쉽게 무력화할 수 없다. 한편으로 현실과 노동, 다른 한편으로 게임은 서로 대립 쌍을 이룰 뿐만 아니라 서로 영향을 주고받는다. 게임의 판타지 공간은 우리가 세상과 일을 처리하는 방식을 현실과는 다르게 꾸리도록 상상으로 그려볼 수 있게 허락해준다. 게임으로 얻은 상상은 노동에 영감을 주며, 세상을 바꿀 열정을 말 그대로 전염시킨다. 실제로 게임과 상상력은 인류 역사에서 끊임없이 세계를 바꿀 영감을 불어넣었다.[88] 거꾸로 게임이 날개를 달아주는 판타지는 아무것도 없는 '무無'에서 생겨나는 게 아니라, 어디까지나 현실을 그 출발점으로 삼는다. 노동도 마찬가지다. 현실의 노동 문제를 해결하려는 동기를 가지지 않는 상상은 공상일 따름이다. 이것이 무슨 말인지는 노는 아이들을 보면 잘 알 수 있다. 아이들의 놀이는 대개 부모가 일상에서 처리해야만 하는 현실을 흉내낸다. 아이들은 어른의 일상을 관찰하고 이를 모방하며 변화시켜 게임의 일부로 만든다. 어른의 게임도 다르지 않다.

  온라인 게임도 게임이니, 모든 게임과 마찬가지로 삶의 현실과 상호작용한다. 앞서 살펴보았듯, 이런 교류는 원칙적으로 현실과 게임 양쪽 모두에 긍정적으로 영향을 주면서 풍요로운 결실을 맺을 수 있다. 이런 이치가 온라인 게임에도 그대로 적용될까? 이 물음의 답을 얻으려면 우리는 온라인 게임 세계와 우리 현실 사이에 이뤄지는 상호관계를 분석해야 한다. 디지털 게임을 겨눈 비판은 많았다. 하지만 우리는 현실도 비판적인 안목으로 바라보아야 한다는 점을 잊어서는 안 된다. 온라인 게임만 따로 떼어 비판하는 일은 지금까지 살펴보았듯 아무 쓸모가 없다. 컴퓨터 게임의 폭발적 유행과 사회 현실의 흐름이 함께 맞물려 서로 어떤 연관을 이루는지 관찰해야 한다. 그만큼 두 영역은 서로 엄청난 영향을 주고받는다. 그럼 이 상호 영향은 정확히 어떤 것일까?

많은 나라에서 대다수 국민이 현실을 갈수록 감당하기 어려워한다는 점을 보여주는 방증이 쏟아진다. 이는 게임을 그저 게임으로만 여기지 않고 일종의 대안 현실로 삼아 그 안에서 위로를 구하는 사람이 그만큼 많아졌다는 뜻이다. 당사자는 한마디로 현실감을 상실한다. 거꾸로 보자면 컴퓨터 게임 세계에서 얻은 영감이 현실에 엄청난 영향력을 미쳐 현실을 갈수록 비인간적이어서 견디기 힘든 것으로 만든다. 게임과 현실의 이런 맞물림은 치명적인 악순환, 곧 서로 부정적 영향을 키우는 악순환을 초래한다. 일단 온라인 게임(이른바 '게이밍')이 무엇인지, 그런 다음에 게임들이 양적으로 얼마나 많은지 살펴보고 게임 세계와 현실세계가 서로 어떤 영향을 주고받는지 이 영향력의 질적인 평가를 해보도록 하자.

온라인 게임 2. 온라인 게임에서는 무슨 일이 벌어지나

게임에서 게이머는 자신을 대신할 특정 캐릭터, 이른바 '아바타'를 '차용'한다. 게임은 컴퓨터든 스마트폰이든 콘솔이든 태블릿이든 디스플레이에서 전개된다. 게이머는 자신이 선택한 아바타를 조종해가며 원하는 대로 행동하게 한다. 격투기나 전쟁 게임에서는 무기나 총을 잘 다루는 게 중요하다. 게이머는 아바타의 모습을 주어진 선택지 가운데서 고를 수 있다. 예를 들어 게임은 '드래곤 몬스터'라는 특정 정체성을 고르거나 복장을 원하는 대로 꾸밀 기회를 제공한다.[89] 게임은 도구와 장비와 무기를 베푸는 것처럼 꾸며댄다.[90] 보통 아이템은 무료이지만, 조금이라도 그럴싸한 것은 돈을 주고 사야 한다. 게임을 하는 동안 구매 버튼을 누르는 것을 '앱 내 구매'라 부른다. 구매는 어디까지나 진짜 돈으로 이루어진다.[91] 그리고 이 돈은 게임 회사의 엄청난 수입원이다. 흔히 게임의 가입과 초기 단계는 무료이다(게이머를 끌어들이려는 수단). 그러나 이내 경쟁심을 자극받은 게이머는 '앱 내 구매'로 아낌없이 지갑을 연다. 독일에서 게이머들이 이렇게 지출하는 돈이 매년 수십억 유로이다.[92]

게이머는 자신의 아바타를 자판이나 마우스 또는 이른바 '컨트롤러'로 조종한다. 게임의 종류에 따라 게이머는 3인칭 시점 또는 1인칭 시점으로 '슈팅'한다. 시점, 곧 게이머의 관점에 따라 종류가 나뉘는 이른바 '슈팅 게임'에서 특히 인기를 끄는 것은 '1인칭 슈팅 게임'(first-person shooter, FPS)으로, 정밀 타격으로 얼마나 많은 적을 죽였는가에 따라 점수를 얻는다. 단독으로 플레이하거나 여러 명, 예를 들어 다섯 명 그룹으로 벌이는 게임도 있다. 여러 명이 참여하는 게임의 경우에는 모든 참가자의 컴퓨터가 서로 연결되어 있어야 한다. 이런 연결은 보통 특정 인터넷 플랫폼 또는 서버를 통해 이루어진다.[93]

아주 많은 게임이 전투이거나 폭력이다.[94] 빗발치는 사격으로 제거해야만 하는 적은, 게임의 종류에 따라 게임 프로그램이 조종하는 캐릭터(이를테면 괴물 또는 병사)이거나 적수인 다른 게이머이다. 많은 게임에서는 소규모의 게이머 그룹이 다른 그룹을 적으로 삼아 싸운다(이를테면 〈리그 오브 레전드〉〈발로란트〉〈포트나이트〉 등이 이런 대항전 기회를 제공한다). 대개는 컴퓨터 프로그램의 이른바 '봇'을 상대로 게임이 벌어진다. 예를 들어 군인이나 몬스터의 형상을 한 봇을 쏘아 없애는 것이 게임의 내용이다. 봇의 사격에 맞은 게이머는 일단 게임에서 빠졌다가 다시 돌아온다.[95] 전투에 참여하지 않지만 마찬가지로 프로그램이 조종하는 게임 캐릭터는 'NPC'(Non-player character)라고 부른다. 소규모 팀을 이루어 게임을 즐기는 게이머들은 대개 친구들끼리(늘 그런 것은 아니라 할지라도) 집에서 웹주소를 공유해 원격으로 참여한다. 이들은 헤드셋을 쓰고 게임을 하며 서로 이야기를 나누고, 어떤 장비를 갖추었느냐에 따라 모니터에 뜬 작은 창을 통해 얼굴을 보기도 한다. 서로 전혀 몰랐던 게이머들이 팀을 이루는 일도 많다.

많은 게임(대표적으로 〈리그 오브 레전드〉)에서 게이머는 홀로 또는 팀의 일원으로 포인트를 쌓아 게임 내의 위계질서에서 위로 올라가려 안간힘을 쓴다. 테니스 선수나 축구팀이 대회를 치르며 우승을 노리듯.[96] 이른바 'e스포츠'는 막대한 상금을 걸고 토너먼트 대회를 개최한다. 이 시합은 일반인도 인터넷을 통해 관람할 수 있다.[97] 게임은 전투 상황으로 게이머의 투지를 자극하고, 승리했을 때 보너스를 주는 식(예를 들어 게임 레벨을 손쉽게 올려주는 장비)으로 사람들을 유혹하고 묶어놓는다. 이런 구속은 게임 내에서 경쟁을 벌이는 그룹의 결속으로 더욱 강해진다.

온라인 게임 3. 지쳐 쓰러질 때까지 게임에 매달리다

컴퓨터 게임은 영화나 연극 또는 소설과 다르게 끝을 모른다.

게임은 끝없이 레벨을 높여가며 이어진다. 사람들은 주로 저녁에 게임을 한다. 홀로 하든 그룹을 이루든 밤늦게까지 이어져, 심지어 새벽까지 밤을 꼴딱 새우는 경우도 적지 않다. 교사들의 연수를 맡아왔던 나는 선생님들의 증언을 통해 12~18세 학생들이 이른 새벽까지 게임을 하느라 너무 피곤한 나머지 수업 시간에 졸다 못해 아예 자는 게 일상처럼 되어버린 점을 안다. 선생님은 물론이고 나와 인터뷰했던 학생들은 한 학급의 20~30퍼센트에 해당하는 남학생이 그토록 게임에 빠졌다고 증언한다.[98] 게임에 홀린 학생은 계속 늘어나고 있다.

최근의 한 연구는 이런 실상을 보다 더 구체적으로 확인했다. 앞서 이미 언급한 바 있는 연구, 함부르크대학병원과 독일직장인의료보험이 2023년 3월에 실시해 발표한 조사는 독일에서 모든 10~17세 아동과 청소년의 85퍼센트가 '규칙적'으로, 33퍼센트는 '매일' 온라인 게임을 즐긴다고 밝혔다.[99] 거의 100만 명의 아동과 청소년, 곧 이 연령대의 18.1퍼센트는 매일 3시간 이상 게임을 한다. 이는 세계보건기구가 '위험군' 또는 '병리적 이용자'로 정한 기준을 넘긴 것이다.[100] '병리적 이용자' 가운데 33만 2400명의 아동과 청소년, 이 연령대의 6.3퍼센트에 해당하는 아이들은 매일 292분, 5시간 가까이 게임을 한다. 주말에 3시간 이상 게임을 하는 비율은 35퍼센트이다. 청소년 게이머의 68퍼센트는 남성이다.

전체 국민 가운데 온라인 게임 이용자 비율은 물론 청소년의 경우와 다르다. 독일 통계청은 16세 이상 성인 인구 가운데 게임을 즐기는 비율을 54퍼센트로 조사했다. 이는 3400만 명에 해당한다.[101] 흥미로운 점은 이 54퍼센트 가운데 여성과 남성이 차이 없을 정도로 고루 참여한다는 사실이다. 16~29세 가운데 컴퓨터 게임 사용자 비율은 88퍼센트이다. 이보다 더 높은 연령대에서는 비율이 확 떨어진다. 독일에서 온라인 게임의 매출은 매년 28억 유로이며, '앱 내 구매'로 지출되는 돈은 43억 유로이다.[102] 컴퓨터 게임의 유행뿐만 아니라 이를 이용하는 빈도, 곧 주당 게임을 하는 횟수 및 하루 이용 시간 역시 연령대에 따라 다른 모습을 보인다. 독일직장인의료보험은 2020년에 청소년뿐만 아니라 부모의 경우도 조사했다. 부모 세대는 33퍼센트가 하루에 2시간 이상 게임을 했다. 게임을 하는 부모 세대 가운데 주당 세 번 이상 즐기는 경우는 44퍼센트였다.[103]

젊은 층, 특히 아동과 청소년이 게임에 빠지는 일이 폭발적으로 늘어나고 있다는 사실은 흘려볼 수 없이 드러난다. 상당수의 젊은이는 이른바 '인터넷 게임 장애'(미국 정신의학협회의 'DSM-V') 또는 '게이밍 장애'(세계보건기구의 'ICD-11')의 기준을 넘어섰다. DSM-V와 ICD-11 두 가지는 온라인 게임 중독을 나타내는 같은 개념이다.* 주요 특징은 자신의 게임 욕구를 통제할 능력을 잃고, 다른 모든 관심과 활동을 젖혀두고 게임에만 매달리며, 게임 탓에 주변 사람들과 끊임없는 갈등을 빚는 태도이다. 학업과 직업은 뒷전으로 내몰린다. 증상이 아직 심각하지 않고 중간 정도인 사람은 온라인 게임 '오용' 진단을 받는다.

이미 언급했듯 독일에서 10~17세 청소년 100만 명이 매일 게임을 한다. 그 가운데 65퍼센트 이상이 남성이다. 매일 게임을 하며 보내는 시간은 3~5시간이다. 인터넷과 관련해 중독 장애를 보이는 젊은이는 더욱 많다. 게임 중독에 빠질 위험 외에도 많은 게이머는 건강에 직접적인 손상을 입는다. 이른바 '사이버 질병'(두통, 현기증, 메스꺼움), 수면장애, 비만 가능성 증가 등이다.[104] 디지털 단말기를 이용하는 청소년 가운데 3분의 1이 목에 문제가 있으며, 대략 4분의 1은 건조하거나 가려운 눈, 5분의 1은 손이나 팔뚝의 통증에 시달린다. 게임 중독을 판별하는 기준은 APA와 WHO가 '소셜미디어 이용 장애'라 부른

---

* '정신질환 진단 및 통계 매뉴얼'(Diagnostic and Statistical Manual of Mental Disorders DSM)은 미국 정신의학협회(American Psychiatric Association, APA)가 발표하는 정신질환의 기준으로 'DSM-V'는 2013년 5월에 발표된 다섯번째 개정판이다. 세계보건기구의 국제질병분류(International Statistical Classification of Diseases and Related Health Problems, ICD)와 함께 국제적 표준으로 인정된다.

것과 그 핵심에 있어 똑같다. 소셜미디어의 과도한 사용은 소녀와 젊은 여성이, 과도한 컴퓨터 게임은 소년과 젊은 남성이 보이는 현상이다.

'게임'이 그처럼 게이머를 장악해 스스로 자신을 통제하지 못할 지경으로 몰아넣는다면, 앞서 도입부에서 살펴본 게임의 '놀이적 특성'은 흔적도 없이 사라진다. 이로써 게임과 현실 사이를 이어주던 끈은 끊어져버린다. 게임에 중독되어 판타지 영역에 빠진 나머지 현실의 삶을 소홀히 하는 사람, 말하자면 현실감 상실을 겪는 인간을 유혹한 것은 물론 게임의 놀이적 특성일 수 있다. 하지만 게이머가 게임으로 도피하게 만드는 것은 현실의 특성 탓이기도 하다. 학술 연구는 이 두 가지가 맞물릴 때 비로소 중독이 일어난다고 확인해준다. 컴퓨터 게임의 중독성은 다른 사람과 이어주는 결속감을 꾸며 보임으로써 생겨난다. 같은 편을 이루어 전투를 벌이면서 짜릿하게 맛보는 동질감은 쉽게 끊을 수 없는 중독성을 자랑한다. 하지만 이런 '결속감'의 실상을 우리는 정확히 주목해야 한다. 전형적인 젊은 게이머는 부모 집의 방 안에 틀어박혀, 마치 경주용 자동차 운전석 또는 비행기 조종석처럼 생긴 '게임용 의자'에 앉아 모니터만 뚫어져라 노려본다. 다른 사람과의 결속이라는 것은 그저 네트워크라는 가상공간에서만 생겨난다. 다른 많은 게이머 역시 네트워크를 홀로 떠도는 외톨이일 뿐이다. 다시 말해서 이들은 사회적으로 완전히 고립되었다.

중독증을 빚어내는 특히 중요한 요인은 게임을 하며 맛보는 자존감이다. 나의 어떤 젊은 환자는 내게 치료를 받기 전에 컴퓨터 게임에 빠져 몇 학기를 잃었다(!). 재능이 뛰어난 대학생이 보인 심각한 현실감 상실이 너무도 안타까웠다. 진단과 치료의 초점이 게임 중독에 맞추어졌을 때 그는 자부심을 숨기지 않고 이렇게 말했다. "게임은 제가 진짜 톱이거든요." 안타깝지만 게임과 관련한 이런 자존감 주사는 아무 영양가가 없을 뿐만 아니라, 금세 효과를 잃어버리는 통에 오래가지 못한다. 게임을 할 때를 빼고 현실 인생에서 게이머는 쪼그라드는 자존감으로 괴로워한다.[105] 그럴수록 게임에 매달리는 중독은 더 심해진다. 그야말로 악순환이다.

앞서 언급한 요소 외에도 온라인 게임에 중독되게 만드는 특별한 요인은 '몰입'이다. 게임의 화려한 장면은 게이머에게 숨 쉴 겨를조차 주지 않는다. 이런 몰입으로 게임을 하는 인격과 '차용'된 게임 캐릭터 사이에는 특별한 결속이 생겨난다. 혹자는 이런 '몰입'이 컴퓨터 게임만의 특성은 아니지 않느냐고 반문할 수 있다. 연극 관람, 소설 독서, 영화 감상도 얼마든지 몰입의 감정을 선물하기는 한다. 하지만 온라인 게임이 선사하는 몰입은 차원이 다르다. 몰입의 이런 효과는 게임 특유의, 때로 환상적인 음향과 시각효과 덕분에 일어나는 것만은 아니다. 핵심은 다른 것이다. 연극이나 영화 또는 소설과 다르게 게이머는 컴퓨터 게임 안에서 직접 활동한다. 게이머는 주인공 역할 또는 최소한 그 역할 가운데 하나를 맡는 캐릭터와 함께 게임 안에서 종횡무진 누빈다.

게이머와 캐릭터 또는 아바타가 얼마나 놀라울 정도로 환상적인 융화를 보이는지 확인한 유명한 신경학 실험이 있다. 이른바 '고무손 착시'*이다.[106] 게이머를 상대로 진행된 연구는 게이머가 아바타와 자신을 동일시하는 정도가 강할수록 중독의 위험이 커지는 것으로 밝혀냈다.[107] 연극·영화·소설은 끝을 가지지만, 게임은 끝없이 지속된다는 차이점 역시 주목해볼 대목이다. 게다가 게임은 애초부터 끊임없이 되풀이되도록 구조와 디자인이 설계되었다.

---

* '고무손 착시'(Rubber hand illusion)란 자신의 것이 아닌 신체의 일부 또는 전체를 소유하는 것만 같은 착시현상을 말한다. 다르게는 '신체 이동 착시'(Body transfer illusion)라고도 한다. 실험 참가자의 시각 및 감각 신호를 자극해 이런 착각이 실제 일어나는 것을 확인했다.

온라인 게임 4. 현실이 더는 견딜 수 없다면

두 가지만큼은 반드시 살펴야 한다. 게임이 사람을 잡아끄는 매력 그리고 게이머가 현실로부터 도피하게 하는 결정적 원인은 서로 어떻게 맞물려 작용할까? 갈수록 견디기 힘들어지는 현실, 어쨌거나 주관적 관점에서 견딜 수 없는 현실 탓에 온라인 게임이라는 가상세계로 많은 사람들이 도피한다는 점은 여러 연구로 확인된 사실이다. 물론 현실은 인간이 만들어가는 바로 그것이나, 많은 사람에게 자신이 원하는 현실을 만들어갈 기회는 극히 제한적이다. 우리가 살아가는 현실에서 게임에 빠진 아동과 청소년의 89퍼센트가 게임을 하는 주된 동기로 지루함을 꼽는다면, 38퍼센트가 게임으로 현실에서 도피하고 싶다고 말한다면, 30퍼센트는 근심과 걱정을 잊으려고 게임에 매달린다고 한다면, 대체 이 현실은 어떤 현실일까?[108] 성인이 비디오 게임을 하면서 그 동기로 75퍼센트가 지루함을 꼽으며, 33퍼센트가 현실로부터 도피하기를 원하고 29퍼센트가 걱정·근심을 잊고 싶다고 한다면, 도대체 이 세계는 어떤 세상일까? 젊은 게이머의 18퍼센트가 오로지 언제 다시 게임을 할 수 있을까 하는 것 외에 다른 생각은 전혀 하지 못한다면, 이 아이들의 세계는 뭐가 잘못돼도 단단히 잘못된 게 아닐까? 온라인 게임과는 무관하게 아동과 청소년이 어떤 상태에 처했는지 보여주는 다른 연구도 많다.

캘리포니아의 여성 심리학자로 청소년 심리 전문가인 진 트웬지Jean Twenge는 전 세계 각국의 100만 명이 넘는 청소년을 대상으로 국제적 차원의 연구를 진행했다. 이 연구는 2018년 15~16세의 독일 청소년 20퍼센트가 외롭다는 느낌으로 힘들어함을 밝혀냈다("따돌림을 당하는 것 같다" "좋은 친구를 사귈 수가 없다" "소속감을 느낄 수 없다" "아무도 나를 받아주지 않는다" 등).[109] 보다 더 최근의 연구는 외로움에 시달리는 사람이 더 늘어난 것을 확인했다. 2023년 2월 베를린에서 발표된 연구에서 사회학자 클라우디아 노이Claudia Neu, 베아테 퀴퍼Beate Küpper, 마이케 뤼만Maike Luhmann은 16~23세 젊은이 가운데 "외롭다"와 "외로운 편이다"라고 답한 비율이 각각 47퍼센트와 55퍼센트라고 밝혔다. 이 연령대에서 자신이 어떤 그룹에도 속하지 않고, 마음을 털어놓을 상대가 전혀 없다며 심각한 외로움을 호소한 비율은 22~25퍼센트였다.[110] 74퍼센트는 외로움 탓에 소셜미디어를 찾거나 게임을 하게 된다고 밝혔다. 하지만 뭐가 닭이고 무엇이 달걀일까? 외로워서 게임을? 게임 탓에 외로워진 것은 아닐까?

진 트웬지는 외로움이라는 감정에 시달리는 사람이 2012년에서 2018년까지 두 배로 늘어난 점에 주목하고, 2010년대 초에 널리 보급되기 시작한 스마트폰이 이런 폭발적 증가에 원인을 제공했을 것으로 추정한다. 외로움은 '도피', 현실을 피해 소셜미디어와 온라인 게임에서 소일거리를 찾는 행동을 키운다. 거꾸로 이런 디지털 기술은 외로움을 키운다. 함부르크의 아동·청소년 정신의학 전문의 울리케 라벤스지버러Ulrike Ravens-Sieberer는 이 악순환이 어떤 결과를 낳는지 보여준다.[111] 11~17세 청소년 가운데 정신질환 증세를 보인 비율은 팬데믹 직전에 약 20퍼센트였다. 37퍼센트는 심신상관 관련 증상(최소한 세 가지 증상)에 시달렸다. 팬데믹으로 이 비율은 더 높아졌다(정신질환은 27퍼센트, 심신상관 증상은 53퍼센트).

당사자가 직접 밝히듯, 지루함과 외로움과 걱정이 사람들로 하여금 온라인 게임이라는 가상세계를 찾게 만든다. 게임에 매달리는 사람은 자신의 현실 문제 또는 주변 사람과 함께 겪는 현실 문제를 더 심각하게 만들 위험이 크다.[112] 지나친 게임은 자존감을 떨어뜨리며, 우울증이 심해지면서 사회성이 나빠지는 결과를 부르기 때문이다. 학교나 직장에 충실하지 못하며 자유 시간은 무의미하게 손실되고 만다. 앞서도 언급했지만, 현실과 놀이 사이에는 서로 영향을 주고받는 상호작용이 일어난다. 그러나 온라인 게임의 경우 이런 상호작용이 게이머의 현실 감각을 망가뜨리는 악순환만 부른다. 게이머들을 상대로 실시된 조사가 밝혀주듯, 대다수 게이머에게 게임은 현실 도피의 수단이다. 현실 도피는 현실을 읽어낼 감각의 상실을 뜻한다. 한편으로 인간은 현실(현실과의 접촉)을 잃는다. 다른 한편으로는 현실이 인간을 상실한다. 실제로 일어나는 숱한 문제를 해결해야 할 사람이 부족해지는 안타까운 현실을 피할 수 없다. 이 또한 고약한 악순환이다.

갈수록 견디기 힘들어지는 현실이라거나, 이미 무너져버려 현실을 구하려는 노력이 무의미하다는 식의 이야기는 SF 장르의 많은 상품, 먼저 책,[113] 다음에는 영화,[114] 그리고 숱한 온라인 게임[115]으로 엄청나게 부풀려져 팔려나갔으며 지금도 성황리에 판매중이다. 이런 이야기가 사회에 미치는 파급력은 엄청나게 크다. 중세에 천국 이야기가 사람들을 사로잡았던 것을 떠올려보라. 신이 그 아들과 성모 마리아와 수많은 성자와 함께 산다는 저 천국을 오르고 말겠다는 희망 하나로 사람들은 그 궁핍하고 고단한 삶을 견디지 않았던가. 불충한 사람은 지옥에 떨어지는 벌을 받는다는 이야기는 유럽대륙 주민들이 자신의 정당한 요구를 하지 못하게 만들 정도로 강력한 힘을 발휘했다. 세상이 이러저러하다는 이야기는 실제로 세계가 작동하는 방식에 엄청난 영향을 미쳤다. 이 영향력은 젊은이들에게 특히 강하게 작용했다. "젊었을 때 받아들인 생각은 평생 좀체 지워지지 않는다." 고대 그리스 철학자 플라톤은 2400년 전 스승 소크라테스에게 이렇게 말했다.[116]

온라인 게임 5. 현실을 이겨낼 방법은 싸움이라는 암시

온라인 게임은 디지털 시대가 들려주는 거대한 이야기의 일부이다. 이것이 어떤 이야기인지 이 책의 4장에서 자세히 다루겠다. 거대한 이야기의 한 부분이기는 하지만 온라인 게임은 완전히 독자적인 메시지를 전달한다. 온라인 게임이 청소년 게이머에게 폭력적 행동을 유발한다거나, 심지어 묻지 마 살인 또는 테러를 모방하게 만든다는 점은 부인할 수 없는 사실이나 극히 소수의 게이머에게만 나타나는 현상이다. 폭력성과 범죄행위는 과도한 게임 외에도 다른 위중한 정신질환 요소가 중요한 역할을 한다.[117] 직접적인 모방 효과, 개별 사례에서 이런 효과가 무시할 수 없는 힘을 발휘한다 할지라도 나는 그보다는 무의식적인 효과, 말하자면 최면 효과를 더 강조하고 싶다. 우리가 보고 듣는 모든 것은 사고방식과 행동의 대략적인 방향에 영향을 미친다. 나는 이 최면이 무엇인지 분명하게 의식함으로써 이로부터 자유로워졌으면 하는 바람으로 이 책을 썼다.[118] 그러면 대체 무엇이 우리의 무의식을 사로잡아 최면에 홀리게 할까?

높은 인기를 누리며 잘 팔리는 온라인 게임 대다수는 생사를 건 싸움, 죽이느냐 죽느냐의 싸움을 그린다. 하나같이 전부 아니면 전무라는 식의 사생결단을 요구한다.[119] 기본 원리는 똑같다. 적을 지우지 못하면 내가 지워진다. 현재 18세 이하에서 가장 큰 인기를 누리는 게임 〈포트나이트〉는 재난으로 사람이 살 수 없게 된 지구를 설정한다. 게이머는 이른바 '배틀 버스'(전투 버스)를 타고 재난으로 피해를 입지 않은 어떤 섬에 투입되어 좀비를 상대로 싸움을 벌이며, 종국에는 게이머끼리 싸워야만 한다. 단 한 명만 살아남을 때까지.[120] 게임은 무료로 즐길 수 있다. 게이머를 끌어들이기에 이보다 더 좋은 미끼는 없다. 하지만 게임에서 살아남기 위한 장비와 무기는 실제 돈을 주고 사야 한다. 거의 모든 게임이 쓰는 이 꼼수로 게임 산업은 막대한 돈을 벌어들인다.[121]

몇몇 게임은 게이머를 아예 군인으로 꾸며 지극히 현실적인, 부분적으로 대단히 잔혹한 전쟁 또는 그 비슷한 싸움으로 몰아 넣는다.[122] 〈그랜드 세프트 오토〉라는 게임에서 게이머는 범죄(자동차 절도, 암살, 살인, 매춘, 경찰서 폭파, 폭발물이 가득 담긴 탱크로리로 테러 벌이기)를 입맛대로 골라 몸소 실행할 수 있다. 〈레이프 데이〉라는 게임은 아예 가상으로 여성을 강간하는 체험을 제공한다. 이 게임은 독일에서 금지 목록에 올랐지만, 미국에서는 표현의 자유라는 명분으로 허용된다. 거의 모든 폭력 게임은 공식적으로 이용 가능 최소 연령대가 설정된다. 이런 금지에 아이들은 더욱 강렬한 유혹을 느낀다. 내가 만나본 청소년 게이머, 또는 나의 연수에 참가한 교사가 경험한 청소년 게이머는 금지된 게임을 하는 것에 짜릿한 흥분과 함께 자부심을 느낀다고 털어놓았다.

온라인 게임 6. 현실 상실에서 인간성 상실까지

제작자가 가족 친화적이라고 자랑이 대단한 플랫폼 '로블록스'는 이용자에게 겉보기로 더없이 아동 친화적인 게임, 얼핏 보면 '레고' 또는 '플레이모빌'을 연상시키는 게임을 제공한다. 초등학교 아동이 즐겨 이용하는 이 플랫폼에서 성인 회원은 플랫폼이 제공하는 도구를 이용해 직접 만든 새로운 게임을 올려놓을 수 있다. 업체가 만들었으면서 회원이 올린 것처럼 꾸민 게임 가운데 대표적인 것은 〈고문 시뮬레이터Torture Simulator〉(다른 사람을 괴롭히는 게임), 〈비치 학살Beach Massacre〉, 〈나이트클럽

학살Night Club Massacre〉, 〈글로리 킬 테스팅Glory Kill Testing〉, 〈피의 굶주림Blutrausch〉 등이다. 때리고 짓밟으며 고문하고 살인을 저지르며 인육을 먹는 잔혹한 범죄가 아이들을 유혹한다. '사랑'도 빠짐없이 다루어지기는 한다. 〈배스룸 시뮬레이터Bathroom Simulator〉 또는 〈샤워 심Shower Sim〉 같은 게임에서 아바타는 아예 벌거벗은 몸으로 그룹섹스를 벌인다. 어른은 이런 게임에서 위장 아이디로 미성년자와 접촉한다. 독일의 소비자 보호기관인 슈티프퉁바렌테스트Stiftung Warentest는 로블록스의 영업행위를 '묵과할 수 없음'으로 평가했다. 이 가운데 몇몇 게임은 플랫폼에서 공식적으로 퇴출당했다고 알려졌지만, 그래도 여전히 암암리에 운영중이라고 한다.[123]

아날로그 현실과 온라인 게임이라는 가상현실 사이의 관계를 다시금 살피면서 핵심을 정리해보자. 게임 자체의 본성은 도입부에서 이미 짚었듯 인간이 가진 고유한 다차원성을 아무런 강박 없이 즐겁게 펼쳐낼 수 있는 공간을 열어주는 것이다. 대다수 온라인 게임이 과연 이런 약속을 실현해줄까? 무엇보다 우리가 주목해야 할 첫번째 특징은 대부분의 온라인 게임이 이런 약속을 실현해줄 다양한 가능성을 편집증적으로 폭력에만 집중한다는 사실이다. 테러와 범죄라는 자극성만 부풀려가며 돈벌이에만 혈안인 것이 게임 산업의 현주소다. 권력 싸움에서 이

기고 최종적으로 가장 많은 점수를 쌓은 게이머만 승자로 인정받는 보상을 누린다. 협력은 오로지 공동의 적을 상대하는 싸움에서만 이루어진다. 인간성의 원초적 특성인 협력하려는 자세, 타협을 이루려는 노력, 고단한 현실에도 웃음을 잃지 않으려는 유머감각 등 현실의 다양한 면모는 대부분 게임에서 등장조차 하지 않는다. 온라인 게임의 두번째 핵심 특성은 몸과 같은 물리적 요소가 전혀 없다는 점이다. 아날로그 현실을 이루는 물질과 몸이 전혀 없다는 결점을 온라인 게임은 시각과 음향의 엄청난 효과로 상쇄하려 든다. 시각과 음향 효과에 도취한 게이머는 부지런히 손가락을 놀려가며 자판을 두들기거나 컨트롤러를 다루느라 몇 시간이고 몸을 거의 또는 심지어 전혀 움직이지 않는다.

게이머는 높은 주파수와 해상도를 자랑하는 모니터에서 끊임없이 바뀌는 장면, 쿵쿵거리는 우퍼의 효과음과 폭발음에 넋이 나간 채로 적을 찾느라 바삐 눈알을 굴려야 한다. 게이머는 극도의 흥분상태에서 자극과 반응에만 전념해야 한다. 게이머가 훈련받는 것은 오로지 빠른 '고Go'일 뿐이다. 어찌하면 좋을지 망설이는 '노 고No Go'는 게이머에게 금물이다. 미국의 심리학자 대니얼 카너먼은 충분한 시간을 들여 앞뒤를 따져보는 숨 고르기, 곧 "느린 속도의 차분한 생각"은 아날로그 현실에서 성공적으로 방향을 잡아나갈 대단히 중요한 비결이라고 강조한다.[124] 그 밖에도 게임은 게이머를 물리적으로 외롭게 만든다. 게이머는 홀로 자기 방에 틀어박혀 있을 뿐이다. 동료 게이머와의 연결은 거의 오로지 가상일 따름이다. 아날로그의 대면 상황, 다른 사람과 눈을 직접 마주치는 접촉, 의도하지 않았지만 살짝 슬쩍 이뤄지는 터치야말로 아날로그 세계의 본질적인 특징이다. 그러나 게임에서 이런 일은 일어나지 않는다. 이런 접촉이 없는 에로스가 얼마나 공허한 것인지는 두말할 필요조차 없다. 게임의 마지막 특징은 그 끝없음이다. 앞서도 이야기했듯 게임은 끝을 모르고 이어진다. 마치 쳇바퀴를 돌리는 다람쥐 신세일 수밖에 없는 게이머가 피로한 나머지 의자에서 굴러떨어져야 게임은 끝난다.

아날로그 현실의 특성, 지금까지 살펴본 특성은 바로 인간다움의 특징이다. 온라인 게임은 이런 특징을 지워버린다. 게임에 몰두하면서 피할 수 없는 현실감 상실은 동시에 인간다움의 상실이다. 무엇보다도 게이머는 스스로 비인간적으로 변모하는 길을 걷는다. 독일 게임연맹의 사무총장 펠릭스 팔크Felix Falk는 2022년 비디오 게임 박람회 '게임스컴'을 계기로 진행한 인터뷰에서 비디오 게임은 단순한 경제 요인을 넘어 "문화자산Kulturgut"이라고 힘주어 말했다.[125]* 문화자산이고자 하는 요구를 충족하는 게임이 없는 것은 아니다. 하지만 이런 게임은 양적으로 극소수다. '게임스컴 2022' 개막 행사에 참석했을 때, 두 시간 동안 끊임없이 소개되는 새로운 게임에 쏟아지는 환호와 박수갈채로 귀가 먹먹했다. 새롭게 출시된 게임은 하나같이 전투와 폭력, 한마디로 '몬스터 쇼'였다. 펠릭스 팔크가 게임을 '문화 자산'으로 추켜세우는 진의가 비디오 게임이 문화와 마찬가지로 우리의 감정과 생각과 행동에 엄청난 영향을 미친다는 점을 강조하려는 것이라면, 나는 그의 말에 흔쾌히 동의하고 싶다. 정확히 이 논리야말로 내가 주목하는 지점이기도 하다. 게임이 느낌과 생각과 행동에 미치는 이 영향력이야말로 더없이 파괴적이다. 수십조 원이라는 막대한 돈이 오가는 이 업계의 사무총장은 하지만 이런 파괴력을 말한 건 분명 아니다.

메타버스 1. 완전히 다른 세상

'메타버스'는 1992년 닐 스티븐슨이 발표한 소설 『스노 크래

---

* '게임스컴'(Gamescom)은 매년 독일 쾰른에서 열리는 유럽 최대 규모의 게임 박람회다. 미국의 'E3'와 일본의 도쿄 게임 쇼와 함께 세계 3대 게임 박람회로 꼽히며, 방문객을 위한 체험 위주의 전시로 인기가 높다.

시』에서 처음으로 탄생했다.126* 이 탄생의 요람에 작가는 은근하게 현실감 상실을 함께 담아놓았다. 스티븐슨은 소설의 주인공 히로를 컴튼의 주민으로 설정했다. 로스앤젤레스 인근에 실제로 존재하며 상당히 낙후된 소도시 컴튼, 다민족으로 구성된 인구 10만 명의 컴튼은 전국 평균을 훨씬 웃도는 살인율로 "살인의 수도"라는 불명예를 안았다.127 이 도시에서 인생은 예나 지금이나 고단하기만 하다. 이 현실에서 도피했으면 하는 희망은 충분히 수긍이 가고도 남는다. 스티븐슨의 소설은 디지털 괴짜들('너드') 사이에 전설로 자리잡았다. 소설은 전설의 반열에 오르기에 충분한 작품성을 갖추었다. 소설이 선보인 '메타버스'라는 비전은 출간 후 몇 년 뒤 현실이 될 것처럼 야단법석을 일으켰다. 메타버스란 컴퓨터가 만드는 인공적인 세상, 디지털로 시뮬레이션되는 세상으로 우리 인간은 안경만 쓰면 이 세계로 입장할 수 있다. 오늘날 메타버스라 불리는 것의 전신은 몇몇 비디오 게임으로, 이런 게임에서 게이머는 자신의 아바타로 게임을 즐길 뿐만 아니라 창의력까지 발휘할 수 있다. 예를 들어 아바타로 인맥을 맺는다거나, 가상의 문화행사에 참여한다거나

---

* 닐 스티븐슨(Neal Stephenson, 1959~)은 과학자 집안에서 출생해 물리학을 전공했으며, 이런 풍부한 과학지식을 바탕으로 SF 소설을 주로 썼다. 『스노 크래시』는 1992년에 발표한 작품으로 국내에는 1996년 이후로 여러 차례 번역되었으며, 가장 최근에는 2021년에 번역본이 나왔다.

(포트나이트), 몇 가지 게임을 이식한다거나(로블록스), 경제활동을 하거나(마인크래프트), 가상화폐를 벌어들이는 것(샌드박스) 등의 게임에서 더 발전한 비전이 메타버스이다.

메타버스의 최신 버전은 게임 세계를 벗어났다. 메타버스는 이용자에게 실시간으로 낮과 밤의 가상 생활공간을 제공한다. 상응하는 사양을 갖춘 컴퓨터와 400~1800유로짜리 특수 안경을 쓴 이용자는 이 공간에 들어갈 수 있다.[128] 메타버스의 세계는 자유롭게 펼쳐진 자연, 마을, 각종 실내 공간을 포함한다. 여러 거대 디지털 기업은 저마다 독특한 버전의 메타버스(그리고 독자적인 고글까지)를 제공한다. 마크 저커버그의 '메타'(구 '페이스북')는 〈호라이즌 월드〉를, '디센트럴랜드 파운데이션'은 〈디센트럴랜드〉라는 이름의 메타버스를, 비디오 게임 생산업체 '에픽게임즈'는 〈포트나이트〉를, 홍콩의 기업 '애니모카 브랜드'는 〈샌드박스〉를 각각 제공한다. 현재 전 세계적으로 가장 많은 이용자를 자랑하는 메타버스는 한국 기업 '네이버Z'가 만든 〈제페토〉이다. 이 메타버스의 이용자는 약 3억 명이다. 그 밖에도 마이크로소프트, 아마존, 구글, 애플 등도 자사의 메타버스를 머지않아 출시할 것으로 전망된다. 2030년까지 그 잠재적 시장 가치가 5조 달러까지 치솟을 것으로 평가[129]되는 메타버스가 앞으로 어떻게 발전할까 하는 물음의 답은 현재 열려 있다.

메타버스는 이용자에게 종합적인 생활공간을 제공한다. 이 공간에서 인간은 자신을 대리하는 아바타를 이용해 삶의 터전을 다지고, 다른 회원의 아바타와 만나며, 일하고, 쇼핑하며, 여가를 즐긴다. 어떤 모습으로 메타버스에 등장할지는 이용자 본인이 선택하고 결정한다. 아바타가 어떤 헤어스타일을 하고 어떤 옷을 입을지 화장을 할지 말지 모두 이용자가 직접 결정한다. 자신의 본래 모습과 되도록 비슷하게 꾸미거나 완전히 다르게 꾸미는 것도 어디까지나 이용자 본인이 정한다. 정체성을 숨기거나 바꾸거나 아예 익명으로 노닐거나 성별을 남성으로 할지 여성으로 할지도 이용자가 고른다. 심지어 이용자는 동물로도 메타버스를 누빌 수 있다. 독일 작가로 '시학 디지털Dichtung-Digital'이라는 온라인 저널의 창설자인 로베르토 지마노프스키Roberto Simanowski는 이런 맥락을 "정체성 관광Identitätstourismus"이라는 표현으로 대단히 정확하게 짚어냈다.[130]

흥미로운 점은, 최소한 〈호라이즌 월드〉에서만큼은, 아바타가 하체를 가지지 않는다는 사실이다. 업체 측에서 기술이 아직 하체를 만들 수준까지 이르지 못했다고 공식적으로 확인해주기는 한다. 그러나 과연 이것이 기술 문제일까? 디지털 세계 전체에서 몸을 가지고 장난 치는 일은 매우 전형적인 현상이다. 특별한 종류의 현실감 상실을 유도하기 위한 장치로 몸의 일부

특징만 부풀리는 것이다. 이용자는 자신의 아바타를 보살피고 관리한다. 아바타는 현실 이용자의 분신이기 때문이다. 이런 관리를 위해 이용자는 옷과 장신구로 아바타의 상체, 잘 드러나는 상체를 자신의 입맛에 맞게 꾸며준다. 어쨌거나 자신이 보기에 매력적인 모습으로. 이 모든 아이템은 메타버스에서 구매해야 한다. 그것도 매우 비싼 값으로. 메타버스는 이런 거래를 위해 고유한 화폐를 유통한다.[131] 그리고 이 화폐는 이용자가 현실의 돈을 가지고 취득해야 한다.

이용자는 자신의 분신인 아바타로 다른 아바타와 모든 사회적 교류를 맺는다. 이용자를 되도록 오래 잡아두려 설계되었다는 점을 고려할 때 메타버스에는 개인적 관계와 모든 종류의 사회 집단이 생겨날 수 있다. 아바타는 인정이나 거부를, 소속감이나 따돌림을 체험한다. 몸이 없기는 하지만, 사랑 관계 역시 생겨날 수 있다. 심지어 매우 높은 확률로. 모든 아바타의 '배후'에서 이용자가 아바타의 모든 행동과 만남을 함께 체험하기 때문이다. 이용자가 자신과 아바타를 동일시하는 체험은 메타버스에 오래 머무르면 머무를수록 그만큼 더 농밀해진다. 이용자는 아바타에게 삶의 터전을 닦아줄 수 있다. 예를 들어 가상의 부동산을 사들여 아바타가 살 집을 짓는다. 〈샌드박스〉 메타버스에서 유명한 래퍼 스눕독의 가상 부동산 옆자리에 토지를 구매하고 싶은 이용자는

45만 달러를 투자해야 한다.

메타버스는 서비스업, 예를 들어 법률 상담이나 의료 상담 기회도 제공하기 때문에 많은 기업이 이미 이런 업종에 맞는 가상 부동산을 확보했다. 350명 이상의 소속 변호사를 거느린 유명한 법무법인 '글라이스 루츠'*는 〈디센트럴랜드〉에 사무실을 열었다. 기업은 메타버스에 지점을 개설할 수 있을 뿐만 아니라[132] 직원이 일할 공간을 임차하거나 구매할 수 있다. 직원은 이 공간에서 회의를 하고 협상을 벌인다. 아바타는 영업 활동도 벌일 수 있다. 물론 이 경우 기업은 익명을 유지할 수 없으나 메타버스는 개인적으로든 사업적으로든 얼마든지 서로 속일 충분한 기회 역시 제공한다.

메타버스 2. 치료 목적의 응용?

메타버스의 틀 안에서 환자에게 도움을 베푸는 일도 얼마든지 생각해볼 수 있다. 특별한 공포증을 가진 사람, 이를테면 비행공포증, 고소공포증, 거미 공포증, 개 또는 바늘이 무서워 힘

---

* Gleiss Lutz, 독일 슈투트가르트에 본부를 두고 국제적으로 활동하는 경제 전문 법무법인으로 1949년에 창설되었다.

겨워하는 사람은 가상공간에서 정신과 상담을 받고 그 원인을 밝혀 증상을 개선해볼 수 있다.[133] 다른 사람이 자신을 나쁘게 여긴다는 생각으로 힘들어하는 이용자는 메타버스에서 아바타로 다른 아바타와 좋은 관계를 꾸려 대인 기피증을 다스릴 수 있다.[134] 이런 응용 가능성은 이용자가 자신과 아바타를 동일시하는 경험이 이용자의 인격에 유의미한 영향을 줄 수 있음을 보여준다(아바타의 부정적 경험이 이용자에게 미치는 영향을 다룬 대목도 참조할 것).

목적에 맞춰 적절하게 쓸 수만 있다면 메타버스는 공감 능력을 개선해줄 수 있다. 예를 들어 가정폭력범에게 여성의 몸을 가진 아바타를 쓰게 하고 적응할 충분한 시간을 주고서 이용자가 아바타를 자신과 동일시 할 때까지 기다리면 우리는 흥미로운 관찰을 할 수 있다. 말하자면 그의 여성 아바타가 폭력에 노출되는 경험을 하는 가정폭력범은 심경에 중요한 변화를 보인다. 폭력범이 다른 사람의 얼굴에 드러난 두려움을 감지하는 능력이 얼마나 개선되었는지 과학은 실제로 측정할 수 있다. 폭력범은 다른 사람의 얼굴에 드러난 두려움을 읽어내는 능력이 현저히 나쁘다.[135] 그러므로 아바타로 이 능력을 키울 수 있다면 메타버스의 바람직한 이용은 분명 가능하다. 이런 점에 착안한 실험 하나는 다음과 같이 설계되었다. 미국의 백인 경찰관에게 흑인 아바타를 설정해주고 적응 기간을 준 뒤에, 이 흑인 아바타를 가상의 백인 경찰관이 폭압적으로 신문했다. 실험 전과 후에 피험자는 실제로 흑인 피의자를 백인 경찰관이 강압적으로 신문하는 동영상을 보고, 이 신문을 어떻게 평가하느냐는 질문을 받았다. 그 결과 흑인 아바타로 강압적인 신문을 받은 백인 경찰관은 흑인 피의자를 대하는 태도를 바꾸었으며, 감정이입을 바탕으로 기꺼이 돕겠다는 자세를 내비쳤다.[136] 인종차별적 편견을 가진 백인에게 한동안 흑인 아바타를 설정해주고, 흑인으로 살아가는 게 어떤 느낌인지 실감하게 해준다면 같은 효과가 얼마든지 나타날 것이다.[137]

이런 사례는 이용자가 아바타와 자신을 동일시해 나타나는 이른바 '가상 전형virtual embodiment' 현상을 치료 목적으로 얼마든지 활용할 수 있음을 보여준다. 그러나 반대의 경우도 우리는 살펴야 한다. 실험은 인간이 아바타와 자신을 동일시하는 현상이 좋은 목적, 곧 치료 목적에만 국한되지 않는다는 사실도 확인해준다. 만약 중독에 가까울 정도인 게이머가 폭력적인 성향의 게임을 오랫동안 즐겼다면, 이 경우 아바타와의 동일시는 어떤 결과를 부를까? 나는 앞서 설명한 경찰관과의 실험, 곧 공감 능력이 개선되는 결과를 보여준 실험을 진행한 연구팀을 이끈 바르셀로나대학교 임상심리학 연구원 멜 슬레이터Mel Slater에게 직접 이 문제를 물어보았다. 그는 내 물음에 매우 친절하게 응대하기는 했지만, 폭력과 전쟁 게임을 중독에 가까울 정도로 즐기는 게 공감 능력에 어떤 부정적 효과를 미치는지 연구해보면 어떻겠느냐는 내 제안에는 시큰둥한 반응을 보였다. 한 가지 더 확실히 해둘 점은 이렇다. 공포증 환자든 공간 능력의 장애에 시달리는 사람이든, 메타버스를 이용한 치료 효과는 정신과 전문의가 지켜보는 치료라는 테두리 내에서만 기대할 수 있다. 이런 치료 맥락 이외에는 온라인 게임이든 메타버스든 무법의 공간일 따름이다.

메타버스 3. 무법 공간과 질병의 위험

외로움, 상처받은 자존감 또는 대인 공포증에 시달리는 사람은 메타버스에 특별한 매력을 느낀다. 그러나 정작 메타버스에 입장한 사람은 현실보다 훨씬 더 큰 위험과 부작용에 노출된다.[138] 이미 말했지만 메타버스는 무법의 공간이다. 저커버그의 〈호라이즌 월드〉를 이용한 여성 회원들은 아바타로 그 공간에 입장하기 무섭게 욕설과 성추행을 당했다고 한다.[139] 여성들은 뒷방으로 끌려가 남자가 다른 남성들이 지켜보는 가운데 자신을 덮쳤다고 이야기했다.¹⁴⁰ 나는 피해자가 '단지 아바타'일 뿐임에도 의도적으로 "여성들"이 어떤 공간으로 끌려다 "덮침"을 당했다고 표현했다. '단지' 아바타가 당한 일임에도 당사자인 여성들은 결코 이런 상황을 그저 간단하게 넘겨버릴 사건으로 받아들이지 않았다. 심리학 전문가의 관점에서 이런 반응은 놀라운 게 아니다.

앞서 살펴본 실험은 아바타의 경험이 그 주인에게 역으로 작용한다. 앞서 언급했던 '고무손 착시' 실험 역시 동일시가 '자아'를 객체 또는 인간 비슷한 캐릭터와 완전히 융합시키는 이런 역작용을 확인해준다. 인간을 심한 불안에 빠뜨릴 수 있는 경험이 물리적 폭력뿐인 것은 아니다.¹⁴¹ 예를 들어 아바타로 다른 사람과 밀접한 관계를 맺었는데 갑자기 상대가 사라져버린다면, 현실에서 자주 일어나는 이른바 '고스팅'*이 메타버스라는 가상 공간에서도 일어난다면, 당사자는 어떤 느낌에 시달릴까? 물리적 폭력뿐만 아니라 이런 심리적 폭력의 피해도 무섭다.

앞서 언급했던 멜 슬레이터, 임상심리학자로 가상현실 연구의 세계적인 선구자인 그 역시 가상의 대안 세계인 메타버스에 오래 또는 집중적으로 머무는 일에 어떤 잠재적 위험이 도사리

---

* Ghosting, 연애 상대가 갑자기 연락을 끊고 홀연히 사라지는 행위, 이른바 '잠수 이별'을 이르는 표현이다.

는지 간과했다.¹⁴² 그는 사람들이 멋들어지게 꾸민 몸으로 그럴
싸하게 치장한 가상 환경에서 오래 머물다가 아날로그 현실로
돌아오면(돌아와야만 한다) 깊은 실망감을 피할 수 없다고 본
다. 오랫동안 가상세계에 머무른 사람은 아날로그 세상에서 외
로워질 위험에 사로잡힌다. 그 밖에도 슬레이터는 게임에 매달
리는 사람, 특히 아동과 청소년이 아날로그 현실과 가상현실을
구분하는 데 어려움을 겪는다고 진단한다. 무엇보다도 당사자
는 기억으로 되돌아보며 자신이 한 경험이 진짜 현실인지, 아니
면 '그저 가상일 뿐인지' 그 경계를 스스로 흐려버린다. 정신질
환 또는 외상후스트레스장애로 고통받는 사람은 가상세계에
노출되면서 그 증상이 더 심해질 수 있다. 마지막으로 가상 환
경에 오래 머무르면 인간은 상태가 불안정해진 나머지 평소 분
별력이 있을 때는 하지 않을 행동을 거리낌 없이 감행한다는 점
을 유념해야 한다.

메타버스 4. 갑질, 사기, 데이터 유출

메타버스의 황금시대는 이제 막 개막했다. 여기서도 디지털
기업의 주역은 신비의 후광을 자랑한다. 2022년 8월〈호라이즌

월드〉를 스페인에 출시하면서 마크 저커버그는 바르셀로나의 유명한 성당 사그라다 파밀리아 첨탑의 와이어에 자신이 매달려 둥둥 떠 있는 동영상을 보여주었다. 프랑스의 행사에서는 에펠탑에 매달려 "저 하늘 높이, 나의 고향인 하늘에서"라는 구호와 함께 만면의 미소를 지었다. 마크 저커버그는 2022년 10월에 열린 연례 '커넥트 콘퍼런스'에서 자사의 새로운 기술을 보고하며 이렇게 말했다. "이것은 여러분을 위한 것입니다, 친애하는 신도들이여!"

메타버스 시대가 가져다줄 진정한 축복은 무엇보다도 디지털 기업의 몫이 될 전망이다. 〈호라이즌 월드〉에서 벌어지는 모든 경제활동 매출의 50퍼센트는 '메타'가 차지한다. 메타버스에서 이뤄지는 숱한 불가피한 구매 행위로부터 얻어지는 수입은 이미 온라인 게임에서 보았듯 천문학적 규모에 이를 게 분명하다. 그러나 정말 두려운 문제는 따로 있다. 바로 엄청난 규모로 이뤄지는 데이터 유출이다.

메타버스에서 일어나는 모든 일은 그 어떤 것도 안전을 보장받는 기밀이 아니다. 거기서 소통하는 모든 것, 이용자 사이에 일어나는 모든 일은 모기업이 들여다본다. 저커버그의 발상이 현실이 된다면, 언젠가는 한 사람도 빠짐없이 모두 메타버스, 당연히 그의 메타버스에 가입해야 한다. 왜? 모든 다른 사람이 그곳에 머무니까. 그때가 되면 인류는 그 어떤 것에도 통제받지 않는 권력을 상대해야 한다. 아마도 그런 권력의 전횡은 중세에서도 볼 수 없었던 것이리라.

4장

새로운 종교, 트랜스휴머니즘

> "너희에게 맹세하노니, 형제들이여,
> 이 땅에 충실하라, 천상의 희망을 말하는 사람을
> 믿지 말거라! 알고 그러든 아니든,
> 그들은 독을 퍼뜨릴 뿐이거늘."
> _ 프리드리히 니체, 『차라투스트라는 이렇게 말했다 1』(1883)

 계몽 그리고 계몽으로 떠오른 휴머니즘의 목적은 기회의 평등, 교육, 문화의 자유로운 발전으로 인간이 자신의 자아를 찾아 올바로 세울 수 있게 하는 자립이다. 이에 반해 이른바 트랜스휴머니즘은 인간이 가진 생물적인 그리고 정신적인 한계를 기술이라는 수단으로 극복함으로써 인간을 '포스트휴먼'이라는 존재로 탈바꿈시키자는 주장을 골자로 하는 사상이다. 장기적으로 인간은 '디지털 시뮬레이션' 또는 슈퍼 인공지능으로 대체될 수 있으며, 또 그래야만 한다고 트랜스휴머니즘은 강변한다. 이런 주의와 주장이 오늘날 힘을 얻기까지 지난 수십 년 동안 많은 인물들이 거들었다.[143] 트랜스휴머니즘이라는 개념의 기원은 영국의 생물학자이자 작가이며, 유전법칙을 응용해 인간을 개선해보려는 우생학의 추종자였던 줄리언 헉슬리가 쓴 글이다.[144] 트랜스휴머니즘은 영국 철학자 맥스 모어, 미국의 컴퓨터 과학자이며 기술 기업 구글의 기술 개발 분야 책임자 레이 커즈와일, 스웨덴 출신으로 옥스퍼드대학교에서 가르치는 철학자 닉 보스트롬, 호주 출신으로 뉴욕에서 교수로 활동하는 철학자 데이비드 차머스의 주장과 이론으로 오늘날 같은 모양새를 갖추었다. 현재 이루어지는 트랜스휴머니즘 논의는 주로 이 인물들의 책을 참조한다. 특히 독일에서 트랜스휴머니즘 선풍에 강력한 영향력을 발휘하는 사람은 『호모 데우스』라는 책을 쓴 이스라엘 역사학자 유발 하라리이다.

사람들은 트랜스휴머니즘에 몸이든 마음이든 인간이 가진 모든 한계를 극복할 수 있었으면 하는 기대를 건다. 그 첫 단계로 우리는 이미 디지털 기술을 활용해 정신 능력을 더욱 높이려 시도한다. 이를테면 디지털로 확장한 현실('증강 현실')이 우리의 지각 능력을 향상해줄 것으로 사람들은 기대한다. 증강 현실은 정보를 전달해주거나 가상의 사물을 시야에 띄워주는 특수 안경으로 이루어진다. 이 첫번째 단계에는 우리 몸을 질병과 노화 그리고 죽음으로부터 해방해준다며 유전자에 간섭하는 따위의 의료기술 개발이 목표다. 이 첫 단계의 성과는 아무래도 이른바 '사이보그', 곧 인간에 기술 요소를 접합한 존재가 될 전망이다.

하지만 트랜스휴머니즘의 예측과 목표는 더 멀리 나아간다. 앞서 열거한 대변인들은 생명체, 아예 생명 일반이 기계의 원리로 작동한다고 본다. 인간의 행동은 매우 복잡하기는 해도 알고리즘의 계산 결과에 불과하며, 바로 그래서 생물인 몸과 두뇌는 의식까지 포함해 디지털로 시뮬레이션할 수 있다. 인간의 정신은 머지않은 미래에 컴퓨터로 전송되거나 '업로드'된다. 이로써 트랜스휴머니즘은 다름이 아니라 불사의 영생을 구원의 약속으로 내건다. 디지털 기술로 이미 인공의 가상세계를 만들었듯이 인간도 디지털로 변환되어 이 가상세계로 전송된다. 아마도 인공지능은 어디 저 먼 행성에 정착하기 위해 지구를 떠나지 않을까.

디지털 기술 개발의 주된 동력은 경제적 이해관계다. 경제적 이해관계는 트랜스휴머니즘과 맞물려 서로 힘을 키우는 상호작용을 한다. 트랜스휴머니즘이 디지털 기술의 엄청난 발전에 기대니, 투자자와 기업은 열렬한 반응을 보인다. 이런 뜨거운 관심은 막대한 돈을 벌 기회를 읽어내서만 생기는 게 아니다. 더 나아가 트랜스휴머니즘은 민주주의의 원칙, 특히 사회적 공정성과 모두에게 평등한 교육 시스템을 등한시하기도 한다. 트랜스휴머니즘이라는 미래에 방향을 맞춘 프로젝트에 호감을 보이며 기꺼이 지갑을 여는 사람들이 이 세상에서 가장 큰 재산과 함께 막대한 영향력을 자랑한다는 사실은 우연이 아니다. 그들 가운데 대표적인 두 사람은 일론 머스크와 피터 틸이다. 그리고 이들이 기꺼이 후원금을 내는 정치인, 특히 미국 공화당 소속의 정치가들이 트랜스휴머니즘을 지지한다.[145]

데이비드 차머스의 현실감 상실 선언[146]

그럴싸한 서사, 곧 스토리는 그게 정말 사실인지 의구심을 자아낼지라도 엄청난 힘을 발휘한다. 3장에서 묘사했던 인생의 디지털 전환은 그저 심심풀이의 취미활동이 아니다. 이런 전환이 지금껏 우리가 현실이라 불러왔던 것을 보는 새롭게 떠오르는 관점의 한 부분이라는 점은 2022년 데이비드 차머스가 발표한 책이 분명하게 밝힌 사실이다.[147] 전 세계적으로 명망 높은 철학자 데이비드 차머스는 과거에 내가 거듭 즐겨 인용하던 사상가 가운데 한 명이다. 그 이유는 차머스가 인간 자아의 본성을 두고 펼치는 철학 성찰이 신경과학이 자아를 보는 관점과 놀라울 정도로 잘 맞아떨어지기 때문이다.[148] 신경과학과 심리학을 두루 꿰뚫어보던 철학자가 트랜스휴머니즘을 전폭적으로 수용하는 동시에 아날로그 현실과 디지털 시뮬레이션 사이의 경계를 허무는 내용의 작품 『리얼리티+』를 선보인 사건은 지진이 일어난 것만 같은 충격으로 다가왔다.

데이비드 차머스는 현실과 디지털 시뮬레이션 사이의 경계 허물기를 양쪽 모두에서 시도한다. 그는 디지털 시뮬레이션을 온전한 가치를 가진 현실의 반열에 올려놓는다. 동시에 그는 아날로그 현실의 세계, 우리가 지금까지 확실하다고 여겨온 모든 자연과학의 연구 성과까지 포함한 아날로그 현실세계 자체가 일종의 디지털 시뮬레이션일 확률이 높다고 본다. 말하자면 우리가 알지 못하는 저 높은 어딘가에서 연출하는 시뮬레이션이 우리가 아는 현실의 참모습이라는 것이다. 차머스는 인간의 두뇌 안에서 벌어지는 모든 일도 디지털로 시뮬레이션할 수 있다고 확신한다. 이는 곧 인간의 의식을 컴퓨터에 '업로드'할 수 있다는 뜻이다. 이로써 인간은 불멸의 영생을 누린다. 한편으로는 (지금까지의) 아날로그 현실을 시뮬레이션으로 과감하게 재해석하고, 다른 한편으로 디지털 시뮬레이션을 손색이 없는 현실로 격상하려는 시도가 지금껏 비판적인 정신을 자랑한 데이비드 차머스 같은 인물의 손으로 이루어졌다는 사실은 정말로 충격적이다. 이는 그만큼 현실감 상실, 최소한 미국에서만큼은 현실감 상실이 앞으로 지배적인 철학으로 발전하리라는, 아니 이미 발전했음을 의미한다. 서구를 지배하는 패권국가 미국이 계몽 이전으로 퇴행하려는 사상에 사로잡히는 것을 보며 계몽의 대륙인 유럽이 아무 상관 없는 일이라고 여길 수는 없다. '페이크'(가짜)와 '리얼'(현실) 사이의 경계를 흐려버리고 디지털 신비주의가 목청을 높이는 역사의 퇴보를 우리는 받아들일 수 없다.

디지털 형이상학 1.
시뮬레이션(들)을 새로운 현실로 재해석하기

온라인 게임의 이용이 대체 세상으로의 도피일 수 있으며, 가상 게임에 빠지면 현실과 가상의 경계가 모호해질 수 있다는 관찰(3장을 볼 것)을 두고 차머스는 저서에서 철학적 성찰을 펼친다. 논증의 시작은 메타버스의 전신인 '세컨드 라이프'이다. 디지털 게임이라는 가상의 판타지 공간 그리고 거기 나오는 아바타는 완전히 실재real한다고 차머스는 주장한다.[149] 차머스의 논증은 흥미롭기는 하지만, 조금만 더 자세히 살펴보면 비약을 일삼는다. 우리 눈앞에 '가상 물체'가 나타날 수 있으려면, 먼저 컴퓨터 회로(곧 비트 단위의 구조)가 '디지털 물체'를 만들어내야 한다. 물론 컴퓨터에 심어진 프로그램 그리고 그 안에 저장된 디지털 물체는 의심할 바 없이 실재한다. 여기까지는 분명 논박의 여지가 없는 사실이다.

차머스는 '디지털 물체'(컴퓨터 안에 프로그램으로 숨어 있는 물체)의 실재성$_{reality}$이 곧 '가상 물체'(우리가 모니터로 보는 것)의 실재성이라고 주장한다. 그리고 이런 주장을 그는 '가상 리얼리즘$_{Virtual\ Realism}$'이라 부른다.[150] 하지만 내가 보기에 차머스는 재료(디지털 프로그램)를 생산품(우리가 보고 듣는 화면)과 혼동한다. 마치 붓과 색채 그리고 그림을 잘게 찢어놓은 조각을 그림 자체라 여기는 것과 다름없는 혼동이다. 차머스는 자신의 논리를 보충하고자 가상 물체, 곧 우리 눈이 보는 세계가 가상이라 할지라도 이 가상은 변화를 일으키는 원인, 변화를 유발하는 힘(가상현실을 보는 관찰자가 특정 행동을 하도록 유도하는 힘)으로 작용한다고 설명한다.[151] 그러나 '원인으로서의 힘'은 가상 물체 자체가 발휘하는 것이 아니다. 이 힘은 프로그래머의 손에서, 컴퓨터에 전력을 공급하는 전원 연결에서 나온다. 소낙비를 시뮬레이션했다고 해서 컴퓨터나 모니터가 젖지는 않는다. 블랙홀 시뮬레이션은 아무도 컴퓨터나 모니터로 빨아들이지 않는다. 게다가 컴퓨터의 플러그만 뽑아도 모든 가상 물체에서 원인으로서의 힘은 사라진다. 진부한 이야기이지만 엄연한 사실이다. 사라진 힘과 더불어 현실이라고 그토록 떠받든 가상현실도 지워져버린다.

차머스는 사물과 물질 환경뿐만 아니라 생명체 역시 디지털로 완벽하게 재생산할 수 있다고 본다. 생명이란 생물체 안에서 일어나는 화학 작용과 물리 작용 그 이상도 이하도 아니기 때문이다.[152] 그가 보는 관점에서 생명체는 화학과 물리 작용으로 작동하는 기계이다. 다시 말해서 기술만 충분히 발전한다면 생물체라는 기계는 디지털로 완벽하게 시뮬레이션할 수 있다는 것이 차머스 주장의 핵심이다. 너무나 완벽해서 원본과 조금도 구분되지 않는 복사본이 만들어진다는 것이다.[153] 인간은 몸뿐만 아니라 머리도 "기술적 원리로 작동하는 기계", 물론 복잡하기는 하지만 기계이다.[154] 인간의 행동은 두뇌의 알고리즘 지시에 따른다. 바로 그래서 인간은 자유의지를 가지지 않는다고 보는 것이 맞다.[155] 앞으로 100년도 안 돼 인간의 두뇌와 행동은 아주 세밀한 부분까지 디지털 시뮬레이션이 이뤄질 수 있을 거라고 차머스는 예견한다. 인간 두뇌의 시뮬레이션은 지능뿐만 아니라 의식도 가진다.[156] 그러므로 우리는 두뇌 없이도 의식을 체험할 수 있다. 이런 체험의 바탕은 두뇌가 아니라 실리콘 칩이다.[157] 이로써 차머스는 인간의 생각과 감각을 몸이라는 근본과 떼어내 디지털 형이상학을 세웠다. 몸과 두뇌의 완벽한 시뮬레이션은 원본과 똑같아질 거라고 그는 힘주어 강조한다.[158]

디지털 형이상학 2.
인간 정신, 영생을 누리다

두뇌 시뮬레이션은 인간의 정신과 의식을 컴퓨터에 올려놓을 전제조건이다. 이 조건이 충족되어야만 앞서 언급한 이른바 '정신 업로드'가 가능하다.[159] 두뇌 시뮬레이션을 차머스는 놀랍도록 세심하고 상세하게 설명한다. 그는 이 과정을 몇몇 작은 단계로 나누어 차근차근 진행하는 것이 좋다고 권고한다. 신경세포를 하나하나 칩으로 교체하는 작업이 필요하기 때문이다.[160] 이 작업에서 특히 주의할 점은 모든 새로운 칩이 주변 환경과 매끄럽게 상호작용해 대체 대상인 각각의 세포에 손색이 없게 만들어주는 일이다.[161] 이런 작업이 성공적으로 마무리된다면 "원본인 인물은 죽고 새로운 인물이 창조된다".[162] 컴퓨터로 전송되어 새롭게 창조된 인물은 "불멸의 생명", 곧 영원히 죽지 않을 영생을 누릴 수 있게 된다. 다만 이 새로운 인물인 아바타는 가상세계에 묶여 있어야 한다. "가상세계는 일종의 천국으로, 이곳에서 인간은 영원히 살 수 있다."[163]

더는 견딜 수 없는 현실에서 벗어나고 싶은 갈망, 그래서 가상세계를 그 대안으로 여기는 갈망은 현실 도피주의를 부르는 동기이다. 이런 동기는 이미 소셜미디어, 온라인 게임, 메타버스와 관련해서 살펴보았다. 데이비드 차머스는 현실을 도피하고자 하는 갈망을 숨김없이 드러내며 명확히 확인해준다. "때는 2095년이 되리라. 지구 표면은 핵전쟁의 희생자로 뒤덮이고, 기후변화로 폐허가 된다. 간신히 살아남은 생존자는 이 땅에서 더없이 비참하게 연명해야만 한다. (…) 또는 그 물리적인 몸을 보안장치가 잘된 창고에 보관해두고, 가상세계로 올라가 계속 살아갈 수 있다." 차머스는 정신 업로드라는 사안이 더욱 매력적으로 보이도록 설명을 덧붙인다. "이 가상세계를 '현실 기계'로 불러도 좋다. 현실 기계에서 인간은 물리적 현실보다 더 편안하게 느낄 수 있다. 이 가상현실은 훨씬 더 안전하며, 인간은 저마다 남이 손댈 수 없는 자신만의 땅을 가진다. 대다수 친구와 가족은 이미 이곳에 있다. 이곳에서 인간은 모두 힘을 합쳐 공동체를 건설하고 뭔가 좋은 일을 할 수 있다. 이제 여러분은 선택권을 가진다. 현실 기계로 올라가 사는 인생은 어떨까?"[164] 차머스의 이 문장은 더할 수 없이 완벽한 현실 도피주의의 표현이다. 이런 종류의 이야기는 이른바 자기충족적 예언, 곧 잘못된 예언일지라도 굳게 믿으면 그 예언이 현실로 나타난다는 심리학 법칙의 효과가 무엇인지 유감없이 보여주는 사례이다. 차머스의 주장은 현실세계가 더는 회복할 수 없이 망가져 인간이 살 수 없는 곳이라고 강변한다. 천국은 따로 있다는 디지털 신비주의는 이런 식으로 인간을 유혹하고 호도한다. 21세기의 선망받는 철학자가 이런 주장을 한다니 놀라운 일이 아닐 수 없다.

디지털 피안에서 누리는 영생이라는 장밋빛 약속이 불러올 엄청난 파급력을 염두에 둔다면, 데이비드 차머스의 글에서도 작은 글씨로 인쇄된 것을 우리는 꼼꼼히 살펴야 한다.[165] 그는 '가상현실'을 두고 "남이 손댈 수 없는 자신만의 땅"이라고 불렀다. 이 표현은 겉으로 드러난 것 이상의 의미를 담았다. "가상세계는 많은 물질 재화의 부족함이 없는 곳이다. (…) 누구나 원한다면 자기만의 아름다운 섬을 가질 수 있다. 집을 짓는 일도 어렵지 않다. 누구나 널찍하고 아름다운 가상의 저택을 누릴 수 있다. 아무튼 부족할 게 없는 환경이 가상세계이다."[166] 곁들여 슬쩍 뿌려놓은 암시, 비용이 적게 든다는 암시는 이미 온라인 게임과 메타버스에서 살펴본 것과 마찬가지로 디지털 피안에서도 돈은 내야 한다고 알려준다. 수입이 적은 약자는 어떻게 그 비용을 충당해야 좋은가 하는 물음에 차머스는 국민 누구나 받는 기본 수당을 도입하자고 제안한다.[167] 그러나 불과 몇 문장 뒤에서 누구나 평등하게 누린다는 이 유토피아 공약은 슬그머니 꼬리를 감춘다. "오늘날 사회적 억압을 빚어내는 원인이 가상세계로 고스란히 옮겨지리라는 점은 쉽사리 예상할 수 있다. 가상세계로의 진입이 다른 계층보다 훨씬 더 수월한 계층은 분명 존재하리라. (…) 가상세계가 평등한 유토피아일 거라는 기대를 우리는 품을 수 없다."[168] 모든 사람이 똑같이 디지털 천국에 입장할 수는 없다. 누가 들어갈지 그 결정은 돈이 한다. 이 야말로 중세 면죄부 거래로 퇴행하는 꼴이 아닌가.

계몽 이전으로 퇴행하는 신비주의, 겉모양만 새롭게 치장한 신비주의를 트랜스휴머니즘의 대표적 인물에게 내가 공연히 뒤집어씌우는 것이 아니다. 그들 스스로 거침없이 이런 신비주의를 공언한다. 인간의 디지털 시뮬레이션, 의식 능력이 있는 아바타가 인생을 살아갈 디지털 생활세계를 창조한다는 비전은 오늘날 철학책보다는 동화책에나 나올 법한 상상에 날개를 달아준다. "우리가 손수 시뮬레이션 세계를 창조해낼 수 있다면, 이 세계의 신은 곧 우리 자신이다. 이 세계에 관한 한, 우리는 전지전능한 힘을 가지리라. 시뮬레이션 세계가 갈수록 복잡해지고 시뮬레이션 존재가 의식을 가진다면, 이 세계의 신 노릇은 엄청난 책임감을 요구하리라."[169] 이런 이야기는 인형을 가지고 노는 아이들이나 할 법한 것이다. 그러나 엄연히 철학책에서, 그것도 아무런 반어적 표현 없이 이런 천진난만한 이야기가 등장한다. 우리가 이를 진지하게 받아들여야만 한단다. 이런 이야기의 배후에 숨은 진짜 의도, 실제 핵심은 우리가 계몽의 비판적 이성으로 성찰할 때 분명하게 드러난다. 전지전능한 신의 거칠 것 없는 힘은 온라인 게임과 인터넷에 쓸 가상세계를 계획하고 설계하며 계속해서 인공지능을 다듬는 일을 하는 디지털 첨단 기업에 집중된다. 그야말로 봉건주의와 중세 교회에서만 볼 수 있던 막강한 권력 집중이 이렇게 이루어진다. 우리는 이 권력에 맞설 새로운 계몽과 민주주의 대전환이 필요하다.

디지털 형이상학 3.
현실의 재고 정리, 현실세계가 시뮬레이션이다

현실감 상실의 끝판은 우리의 아날로그 현실세계가 시뮬레이션에 불과하다는 주장이다. 우리 별 지구를 품은 우주, 우리를 품은 자연이라는 환경, 식물과 동물이라는 생물 그리고 특히 인간이 개발한 학문과 기술의 성취물은 하나같이 일종의 시뮬레이터가 만들어낸 작품이다. 물론 이런 생각도 새로운 것은 전혀 아니다. 그리는 그림과 쓰는 단어가 그때그때 조금씩 다를 뿐, 그 핵심은 믿음을 강조한다는 점에서 세계의 대종교와 다를 바 없다.[170] 21세기의 명망 높은 철학자 차머스는 우리의 현실이 신이 만들어내는 시뮬레이션이라는 이런 생각을 새로운 포장으로 내놓았다. 그 출발점은 철저한 불가지론, 이 세상에 정확하게 알 수 있는 것은 전혀 없다는 불가지론이다.¹⁷¹ 절대적 진실은 결코 알 수 없다는 불가지론을 바탕으로 세상이 허상에 불과하다는 이야기의 변종은 숱하게 쏟아져 나왔다. 결국 메시지는 단 하나다. 우리는 주변의 세상이 진짜 현실인지 결코 알 수 없다.

물리 세계의 배후에 숨은 것은 디지털 현실이라고 차머스는 주장한다. 물리적 사물, 물질로 이뤄진 세계의 배면에는 디지털 프로그램과 정보가 작용한다. 모든 'it'(사물) 뒤에는 '비트'(bit, 디지털 정보)가 있다. 우리의 물질세계를 이루는 물리와 화학과 생물이라는 요소 뒤에는 디지털 알고리즘이 작용한다.¹⁷² 물질 세계를 이루는 요소인 쿼크와 광자는 이 시뮬레이션 모델에서 일종의 배우 역할을 한다. 이 연극을 연출하고 총괄하는 것은 배후의 알고리즘이다.¹⁷³ 데이비드 차머스는 우리가 시뮬레이션 세계에 살고 있다는 것이 가능하다고 보는 데서 그치지 않고, 아예 이것이 사실이라고 명확히 선포한다. "아마도 우리 자신이 시뮬레이션인 경우도 배제할 수 없다."¹⁷⁴ 차머스의 이런 확인은 현대 트랜스휴머니즘의 아버지 가운데 한 명으로 꼽힐 정도의 권위를 자랑하는 닉 보스트롬의 주장과 완전히 일치한다.¹⁷⁵ 일론 머스크 역시 같은 의미의 발언을 한 바 있다.¹⁷⁶ 심지어 차머스는 우리가 시뮬레이션 세상에 살아가고 있다는 것을 '발견'이라고 추켜세운다.[177] 이 발견 덕에 시뮬레이션 세상은 단순한 생각 놀음이 아니라 사실의 반열에 올라선다면서.

인간이 시뮬레이션 현실에서 살면서 동시에 나름대로 시뮬레이션 세계를 창조할 수 있다면, 창조에도 여러 단계의 위계질서가 성립해야 한다. 데이비드 차머스 역시 이런 위계질서의 성립을 부정하지 않는다. 쉽게 말해서 우리가 사는 시뮬레이션 세계는 상위의 시뮬레이션 세계가 만들어낸 작품이라고 보아야 한다. 인위적으로 만들어지지 않은 것은 오로지 "최고 레벨의 주민"뿐이다.[178] 이 창조 위계질서 최정상에는 "시뮬레이션되지 않은 현실"과 "시뮬레이션되지 않은 시뮬레이터"가 존재해야 하지 않을까.[179] 거꾸로 이 위계질서를 위에서 아래로 굽어본다면, 우리가 만들어낸 시뮬레이션 세계와 그 주민 역시 나름대로 의식을 가지고 시뮬레이션 세계를 생산하고 그 위에 군림하리라. 각각의 차원마다 다양한 시뮬레이션 세상을 만들어내는 통에 우주는 하나가 아니라 복수의 우주들이라고 보아야 마땅하다.[180]

디지털 신비주의:
현실을 겨눈 공격, 계몽 이전으로의 퇴행

데이비드 차머스의 작품 『리얼리티+』는 트랜스휴머니즘이 추구하는 기술 이데올로기의 종합판이다. 서로 얽히고설켜 얼핏 복잡하게 들리는 이 트랜스휴머니즘 선언문의 주요 내용은 생명과 현실의 본질을 두고 꼬리를 물 듯 이어지는 몇 가지 고정관념이다.

- 생명체는 기계이다. 이 기계는 알고리즘에 따르는 내부 원리로 작동한다. 바로 그래서 생명체는 디지털로 시뮬레이션할 수 있다. 인간의 의식도 시뮬레이션할 수 있다. 자유의지는 존재하지 않는다.
- 세계가 몰락의 길을 걷고 있다는 엄연한 사실에 비추어 머지않은 미래에 인간의 정신과 의식을 컴퓨터로 전송해 시뮬레이션된 환경 속에서 지내게 하는 일을 충분해 생각해 봄직하다. 이로써 인류는 영생을 얻는다.

현실과 관련해 차머스는 양쪽 측면을 노리고 공격한다.

- 한편으로 차머스는 디지털 시뮬레이션 현실 그리고 이 현실 안에 심어놓은 디지털 생명체가 아날로그 현실과 똑같은 가치를 가진다고 주장한다.
- 다른 한편으로 차머스는 우리가 아날로그 현실로 알고 있는 것이 기실은 디지털 시뮬레이션이라고 선포한다. 이 시뮬레이션은 정체가 분명하지 않은, 저 높은 차원의 신과 비슷한 시뮬레이터가 연출한 것이다. 이는 인간에게도 적용되는 이야기다. 아날로그 현실이 시뮬레이션이라는 주장을 펼치며 차머스는 이를 '발견'이라 부른다.

이 네 가지 고정관념은 아날로그 현실을 겨눈 과격한 공격이며, 세상을 지배하고자 하는 권력욕을 숨김없이 드러낸다. 생명과 관련해 '트랜스휴머니즘'은 인간을 알고리즘에 조종되는 기계로 재해석하면서 인간이라는 생물 존재를 기술적 조작의 대상으로 전락시킨다. 아예 인간의 선천적인 권리, 어떤 경우에도 침해되어서는 안 되는 존엄과 자율성을 요구할 권리를 부정하기까지 한다. 물론 차머스는 분명한 어조로 책임감과 윤리의식으로 서로 존중해야 할 의무를 강조하기는 한다. 예를 들어 시뮬레이션으로 만들어진 아바타끼리도 예의를 지켜가며 품격 있게 교류해야 한다는 것이 차머스의 제안이다. 하지만 생명에 간섭하고 공격하면서 이런 의무를 말하는 것은 앞과 뒤가 맞지 않는 이야기, 그저 이런 공격을 선심 쓰듯 책임과 윤리를 강조하는 온정주의로 가린 자가당착에 지나지 않는다.

아날로그 현실을 겨눈 공격은 대체 불가능한 지구, 우리의 유일무이한 삶의 터전인 지구와 그동안 진화를 통해 이뤄진 생태계를 디지털 기술의 시뮬레이션으로 대체하겠다는 것을 그 근본 동기로 삼는다. 생명과 소중한 지구를 공격하려는 시도는 디지털 기업의 돈벌이 목적에 맞춰 생명과 지구를 간섭하고 통제하려는 것일 따름이다. 말이 되지 않는 신비주의는 인류를 수백 년 전 계몽 이전의 상태로 되돌려놓을 뿐이다.

생명이 살아 숨쉬는 생명력과 현실의 현실성을 인정하지 않는 이야기는 앞서 언급한 정치적 효과 그 이상의 결과를 초래한다. 이런 종류의 주장은 수십억 명의 인간이 가지는 살아 있다는 감정을 뒤흔든다. 이로써 정신건강이 심각한 위협을 받는다. 더불어 사는 사람들의 생활이 뿌리째 흔들린다. 인간은 현실이 확실하다고 믿어야만 정신건강을 유지할 수 있다. 다시 말해서 현실의 확실성과 인간의 정신건강은 상호작용한다. 우리가 살아가는 환경은 무엇보다도 아동기와 청소년기를 보내면서 믿을 만한 것으로 형성된다. 환경의 일관됨으로 생겨나는 신뢰성은 안정적인 자아의 형성과 발달에 결정적인 역할을 한다. 사회가 공유하는 감각, 우리를 둘러싼 세계를 모두 같은 것으로 지각하는 감각은 현실이 존재한다는 확신을 키워준다.

현실 감각을 사회가 공유한다는 경험이야말로 인간관계의 결속이 생겨나고 유지될 수 있는 결정적인 전제조건이다. 지진 피해자가 겪는 확실성의 붕괴, 또 부모의 이혼으로 충격을 받은 아동에게서 보는 확실성 붕괴는 심각한 정신질환을 초래할 수 있다. 주변 환경을 바라보는 사회 공통의 감각이 무너질 때 위중한 소외감, 또는 정신병이 나타난다.[181]

비록 차머스의 주장이 잘못된 것이며 위험하기는 할지라도 나는 그의 책 『리얼리티+』에 감사하는 마음이다. 이 책이 디지털 기술 운동과 트랜스휴머니즘이 어떤 확신에 물들었는지, 공개적으로 무슨 목표를 추구하는지 체계적으로 정리해냈기 때문이다. 지금껏 서구사회에 산재해 있던 이런 확신과 목표를 일목요연하게 확인할 책으로『리얼리티+』만 한 것이 없다. 트랜스휴머니즘이 우리 사회를 홀리듯 번져나가는 것을 그저 지켜보는 대신 이 책을 읽으면 디지털 기술 운동을 대표하고 주도하는 인물들이 어떤 생각에 사로잡혀 있는지 한눈에 확인할 수 있다. 이 책이 없었다면, 트랜스휴머니즘에 숨은 디지털 신비주의를 끄집어내 대결할 중요한 실마리를 잡을 수 없었으리라.

데이비드 차머스의 책은 소셜미디어와 온라인 게임과 메타버스로 촉발된 문명의 흐름을 조망하는 철학적 성찰이지만, 단지 성찰에만 머무르지 않고 인간이 발을 딛고 서 있는 아날로그 현실을 지워버리려는 목표를 가진다.

5장

인공지능
vs.
인간의 두뇌

2023년 초 나는 어느 대학교의 사회학과 학생들을 상대로 강연을 한 뒤에 열두어 명 남짓의 젊은 사회학도들과 함께 저녁 식사를 했다. 분위기는 매우 산뜻했다. 나는 인간관계의 의미를 사회학과 신경과학의 관점에서 이야기했다. 강연이 있기 몇 주 전 텍스트 생성형 인공지능 챗GPT를 오픈AI라는 회사가 공개하면서 사회적으로 큰 파장을 일으켰다. 자연스럽게 화제는 인공지능이라는 디지털 시스템을 어떻게 평가해야 좋은가 하는 물음으로 이어졌다. 몇몇 젊은 학자는 아주 진지한 표정으로 인공지능 시스템이 의식을 가질 수 있으므로 주체처럼 대접해달라는 요구를 키울 수 있다는 의견을 내놓았다.

'챗GPT'뿐만 아니라 '람다', 이미지 생성형 인공지능 '달-E',

'미드저니' 또는 '스테이블 디퓨전'* 역시 이런 상품을 만들어주는 기계에 대중이 폭발적인 관심을 가지게 만들었다. 이 기계는 이른바 '인공신경망'으로 작업하는 컴퓨터이다. 이것이 간단하게 말해서 '인공지능'이다. 이런 종류의 시스템은 벌써 오래전부터 온갖 상품에 투입되어 쓰였다. 예를 들어 승용차의 운전 보조 기능이나 인터넷의 검색엔진이 인공지능을 활용한다. 젊은 사회학자들과 대화를 나누며 나는 인공지능과 인공신경망이 실제로 어떻게 작동하며, 'AI 시스템'을 바라보며 사람들이 최면에라도 걸린 것처럼 얼이 나가서 엄청난 경외심을 품는다는 걸 학계가 거의 알지 못한다는 점을 깨달았다.

인공지능이 언젠가 지구상에서 거의 모든 비즈니스를 장악할 거라는 암시를 줄줄 흘리는 사람은 바로 이 시스템으로 권력을 누리며 쏠쏠한 돈벌이를 하는 쪽이다. 디지털 신비주의는 바로 이들이 꾸며내는 이야기다. 예전부터, 족히 20년 넘게 트랜스휴머니즘을 주장하는 사람들이 펼쳐온 생각, 기껏해야 SF소설 독자들이 즐기던 어딘가 모르게 애매모호한 생각은 인간이 할 일을 대신할 기계를 만들겠다는 것이었다. 이제 인공지능이 본격화하면서 인간 대체를 넘어 인간을 아예 없는 존재로 지워버리

---

* Stable Diffusion, 2022년 8월에 출시된 텍스트 생성형 인공지능이다. 뮌헨의 막시밀리안대학교 연구팀이 개발했다.

자는 주장이 공공연히 대중의 입에 오르내린다. 인공지능으로 작업하는 새로운 디지털 상품에 환호하고 그 기술 발달의 추이를 언론이 보도하는 것이야 나쁠 게 없다. 하지만 인공지능을 숭배하는 차원으로 대중의 담론이 나아간다면 이런 방향은 막아야만 한다.

곳곳에서 디지털 상품을 보며 넋을 잃는 이 기묘한 경외심은 기술의 최신 발달에 뒤처지는 게 아닐까 하는 두려움의 표현이다. 디지털 기술에서 이른바 '얼리 어댑터'가 아닌 소비자, 곧 최신 상품을 예약 주문해서 써보지 못하는 소비자는 패배자다. 유치원 아동이 최신 디스플레이를 누가 가졌는지 서로 경쟁하는 것을 보라. 교육 인력을 인공지능 프로그램으로 대체하지 않은 학교는 교육환경이 열악하다는 평가를 받는다. 소셜네트워크를 인생 무대로 삼지 않는 청소년과 성인 역시 패배자라는 소리를 듣는다. 게임을 하지 않거나 메타버스에서 헤매지 않는 사람도 마찬가지다. 디지털 시스템을 활용할 줄 알아야만 우리는 '업투데이트up to date', 곧 최신을 유지한다. 케케묵은 것, 여전히 인간이 인간을 상대하는 경우는 시급히 디지털 기술의 도움을 받아야 한다. 아무튼 이런 이야기는 우리가 현실에 굳건하게 발을 디디고 서려는 자세가 얼마나 약해졌는지 여실히 보여준다. 나는 이런 이야기에 경각심을 갖고자 이 책을 쓸 결심을 했다.

디지털 시스템이 우리의 도구로 쓰여야지, 우리가 디지털 시스템의 도구가 되어서는 안 된다. 우리는 수동적으로 소비를 하는 최면 상태에서 깨어나야 한다. 그러자면 무엇보다도 아동과 청소년이 너무 일찍 중독에 빠지지 않도록 교육제도를 정비하여 초등학교 5학년부터 체계적으로 디지털 기술의 올바른 사용법을 가르쳐야 한다. 디지털 기술에 끌려다니며 내가 '현실감 상실'이라 부른 고통을 당하지 않고 아이들과 우리가 인생의 주인으로 주권을 회복해 스스로 마음껏 꿈을 펼칠 수 있어야 한다. 우리를 차지하는 시스템 배후에는 이 시스템을 차지하고 권력을 행사하는 세력이 숨어 있음을 잊지 말아야 한다.

디지털 기업에 집중되는 막강한 권력은 우리의 민주주의 사회를 슬금슬금 무너뜨린다. 이로써 인간은 스스로 선택한 미성숙함에 빠지고 만다.[182] 디지털 독점권을 민주주의와 시장경제 그리고 세금 정책의 표준에 맞게끔 규제하고 감독하는 일은 정치가 맡아야 할 중대한 과제이다. 그러나 이 책은 무엇보다도 우리가 개인적인 차원에서 미성숙함으로 퇴행하는 것을 막을 수 있다는 점을 보여주고자 했다. 우리는 사람들과 현실에서 만나 성숙한 자세로 대화를 나눌 수 있어야 한다. 특히 아이들에게 더불어 삶의 소중함을 일깨워주어야 한다. 존재를 확인받았으면 하는 희망을 얼굴을 맞대고 흉금을 털어놓는 대화로 채워주는 일은, 앞서 인용한 바 있는 빅토르 프랑클이 한 말 그대로, 인생의 가장 중요한 과제이다.

인간의 두뇌와 의식이라는 문제

의식이란 무엇일까?[183] '인공신경망'은 의식을 가질까? 이 물음들은 우리를 보다 더 근본적인 문제, 과연 '생명'은 무엇일까 하는 문제로 이끌어간다. 의식의 물음은 오로지 생명체에게서만 생겨난다.[184] 2장에서 이미 살폈던 문제를 지금 다시 생각해보도록 하자. 생명체의 물질 구조는 물리와 화학의 법칙을 따른다. 이는 논란의 여지가 없는 사실이다. 하지만 생명이 물리와 화학만으로 남김없이 설명되지 않는다는 것 역시 사실이다. 앞서 인용한 바 있는 진화생물학자로 세계적인 명성을 자랑하는 교수 에른스트 마이어의 말을 다시 새겨보자. "생물학은 제2의 물리학이 아니다."[185]

내가 이미 2장에서 상술했듯, 생명체가 무생물체와 다른 점은 선천적인 세계 관심이다.[186] 생명체는 태어나면서부터 주변과 관계를 맺으려 노력한다. 하나의 줄로 이뤄진 단사 유전 분자만 하더라도 보충적인 두번째 줄을 만든다. 단세포는 안테나 역할을 하는 수용기로 주변 환경과 관계를 맺는다.[187] 식물과 동물은 부정할 수 없는 세계 관심을 가진다. 세계 관심과 의식은 같은 것이 아니다.[188] 선천적 세계 관심은 의식이 형성되는 데 꼭 필요한 조건이기는 하지만, 충분한 조건은 아니다. 컴퓨터는 선천적인 세계 관심을 가질 수 없다.

데이비드 차머스를 비롯한 트랜스휴머니즘 대변자들은 한편으로 인간 두뇌를 알고리즘에 따라 작동하는 기계라며 인간에게 자유의지는 없다고 주장하고, 다른 한편으로는 두뇌 시뮬레이션, 곧 인공지능이 의식을 가질 수 있다고 말한다. 이 무슨 희한한 반어법일까. 두뇌를 작동시키는 것은 알고리즘인데, 이 알고리즘은 생물인 신경세포가 만들어준다고 한다. 인간 정신(영어로 mind) 역시 이 알고리즘이기 때문에 정신은 앞서 언급했듯 인공신경망을 장착한 컴퓨터로 전송, 곧 업로드된다(영어로 mind uploading). 더 나아가 데이비드 차머스는 업로드하지 않고도 인간 두뇌를, 몸 전체와 마찬가지로 디지털 시뮬레이션할 수 있다고 주장한다. 생물체를 기계로 단순화해버리고, 동시에 기계를 의식 능력을 갖춘 주체로 신비화하는 것은 현실과 휴머니티를 겨눈 전면 공격이다. 우리 두뇌의 진짜 신경망의 참모습과 인공신경망을 살펴보기 전에, 먼저 갓 태어난 아기의 상황부터 관찰해보자.

신생아는 선천적인 세계 관심 그리고 의심의 여지 없이 의식을 가진다.[189] 간단히 말해서 신생아는 세계를 체험한다. 그러나 아기는 명확한 지식이라고는 거의 가지지 않으며, 지능도 아직 발달하지 않아 낮은 편이다. 신생아의 사례는 지식과 지능 그리고 계산 능력이 의식 형성의 필요조건도 충분조건도 아님을 분명히 보여준다. 생후 첫 2년 동안 유아가 발달하는 과정을 가까이서 지켜보면 사회적 경험, 특히 쌍방향의 공명과 서로 거울 비추어보듯 하는 관계가 아기의 '자아' 형성에 얼마나 중요한지 알 수 있다.[190] 자아는 의식과 같지 않다. 그러나 자아의식으로 합체되면 이야기가 달라진다. 말하자면 의식에서 일어나는 일을 소통할 수 있게 해주는 가교 같은 것이 자아의식이다. 의식의 또다른 측면은 젖먹이가 보여주듯 몸의 중요성이다. 의식의 핵심 기준은 체험이며, 유아는 체험이 몸을 주체로 이루어짐을 보여준다. 나중에 자아가 형성되고 나면[191] 몸은 체험의 기능을 자아와 공유한다. 몸은 인지 능력, 곧 지능의 발달에서도 중요한 의미가 있다. 2장에서 상술했듯, 지능도 몸에 근원을 둔다. 인지심리학은 이런 것을 두고 '근원 인지' 또는 '체화 인지'라고 한다.[192] 컴퓨터는 몸이 없다.

인간 의식의 생물적 기초

이름에서부터 분명히 알 수 있듯, '인공신경망'은 두뇌의 '진짜' 신경망을 보고 착안한 것이다. 진짜 신경망은 대뇌겉질에 형성된 것으로 신경학자들은 이 신경망이 의식의 기초를 이룬다고 입을 모아 말한다. 대뇌겉질이 정상적으로 기능하려면, 바로 그 아래 위치한 이른바 '하부 겉질'이 제대로 조직되어 있어야 한다. 특히 중요한 것은 '뇌간'에서 위로 이어지는 각성 시스템이다. 이 시스템이 없으면 의식은 생겨나지 않는다. 의식 자체는 의식을 만들어낼 수 없기 때문이다.[193] 대뇌겉질은 여섯 개의 중첩된 신경세포층으로 이뤄진다. 그 모양은 '고작' 3밀리미터 두께의 매우 얇은 파이와 비슷하다. 그러나 이 3밀리미터는 실로 대단한 비밀을 품었다. 각 층의 신경세포는 그 고유한 층뿐만 아니라 이웃 층과도 긴밀하게 연결되어 있다. 각각의 신경세포는 매우 많은 짧은 돌기, 그 끝이 갈라져 두 가닥을 이루는 신경섬유를 가지는데,[194] 이것으로 다른 신경세포와 접속한다. 신경세포는 이런 방식으로 신호를 받는다. 많은 짧은 것 외에도 각각의 신경세포는 하나의 긴 신경섬유를 가지고 다른 신경세포로 신호를 준다.[195]

신경세포는 저마다 그 표면에 약 1만 개의 시냅스, 다른 세포와 접점을 이루는 시냅스를 가진다. 각각의 신경세포는 이 시냅스를 통해 흥분 자극(말하자면 '입력 신호')을 받아들인다. 이 신호는 신경세포를 통해 뇌로 전달된다. 자극을 억제하려는 신호도 발생할 수 있다. 받아들인 자극의 총합이 일정 수준을 넘어가면 신경세포의 한 가닥 긴 신경섬유가 흥분 자극을 발신한다(이것은 '출력'이라 부를 수 있다). 세포는 모든 입력을 다른 입력과 비교하면서 그 자극이 어떤 종류의 것인지 파악하고 몸 내부의 상태와 비교한 다음, 출력을 내보낸다.

그 성격이 명확하게 정의된 입력이 마찬가지로 분명하게 정의된 출력으로 이어지는 경우에는 간단한 알고리즘이 성립한다. 이런 간단명료한 상황은 오로지 반사적인 반응에서만 일어난다. 이런 즉각적인 반응은 특정 자극에 거의 자동적으로 나타나는 조건반사이다. 이에 해당하지 않는 다른 모든 자극에는 대뇌겉질의 신경세포가 말하자면 '고민'을 한다. 의식은 이런 고민을 하는 장소이다. 들어오는 자극(급박하게 대응하지 않아도 되는 자극)과 내보내야 하는 반응 사이에 고민을 담아내는 중간 공간이 의식이다. 의식은 상황을 파악하려는 지각과 열린 가능성 사이에서 붕 떠 있는 각성상태의 반응이다. 이 모델에 충실하게 이야기하자면 감각자극을 받아들이는 신경세포와 출력 신호를 내보내는 신경세포 사이에 중간 스위치 역할을 하는 신경세포가 의식이다. 의식은 정확히 이렇게 이루어진다.

감각기관의 자극을 기록하고 처리하는 대뇌겉질 영역은 비교적 거리가 먼 연결로 위계질서가 높은 부위의 겉질 영역과 이어진다. 이 겉질 영역은 지각된 정보를 취합해 종합적으로 평가하는 역할을 한다. 앞서 말한 지각과 반응 사이의 '중간 공간'이 바로 이 겉질 영역이다. 개별 감각들이 받아들인 자극을 종합해 전체적인 그림을 그리면서 어떻게 반응해야 좋을지 아직 결정하지 않아 붕 뜬 상태, 이것이 의식이다. 이 상위 겉질 영역은 두뇌의 뒤쪽 반구 윗부분에 있는 관자엽 겉질 영역[196]에 위치한다. 독일 출신으로 미국 캘리포니아에서 활동하는 두뇌 연구가 크리스토프 코흐Christof Koch는 이 부위가 의식이 자리하는 신경 영역의 유력한 후보라고 본다.[197]

받아들인 자극을 어느 쪽으로도 결정하지 않고 유보 상태로 두는 것은 의식의 세 가지 근본 특징 가운데 하나다. 눈으로 본 이미지가 두뇌의 시각피질에 잠깐 생겨났다가 이내 다시 사라진다면, 이 시각적 자극은 의식에 떠오르지 않는다.[198] 시각으로 포착한 이미지가 만들어지자마자 다시 사라진다면, 이 이미지를 시각겉질이 두뇌의 상위 중심에 전달해주어도 상황은 더 나아지지 않는다. 입력된 시각 정보가 '상부 본부'에 전달된들, 자극은 이미 사라졌기 때문에 '상부 본부'는 다시 발송인(이 경우에는 시각겉질)에게 반송해버린다. 자극은 말하자면 시각을 전담하는 부위와 '상부' 사이를 오락가락 헤맨다.[199] 이것이 내가 앞서 "붕 떠 있다"고 표현한 것의 의미다. 이런 의식 능력은 이미 유아도 보여준다.[200] 이처럼 신경세포가 신호를 주고받으며 반응하는 최초의 피드백은 이미 엄마 뱃속의 태아 때 이루어진다. 이런 피드백은 태아가 자기 몸을 자각하는 것과 '상부 본부' 겉질 사이에서 일어나는 것이 거의 확실하다. 예를 들어 엄마 뱃속에서 태아는 손가락을 빨며 몸을 감지하고, 엄마 목소리를 들으며 자아의식에 눈뜬다.

의식의 두번째 주요 특징은 자극으로 주어진 정보들을 아우르는 융합이다. 의식의 흐름에 담긴 감각 정보는 단 하나의 감각만 만든 게 아니다. 몸의 지각이 오감에만 국한하지도 않는다. 앞서도 이야기했지만 의식은 자기 몸의 지각, 무엇보다도 호흡, 심장박동, 근육의 긴장, 심적인 스트레스이다.[201] 우리가 의식이라 부르는 것은 종합적인 감수성, 앞에서 언급한 모든 지각의 융화이다. 크리스토프 코흐는 두뇌 뒤쪽 반구의 상부 영역, 이른바 '마루관자 겉질'이 신경 융합을 관장하는 부위라고 본다.

프랑크푸르트의 신경학자 볼프 징거*는 신경 융합이 신경 연

---

* Wolf Singer(1943~), 신경생물학자로 두뇌 연구의 세계적인 권위자이다. 막스플랑크두뇌연구소 소장으로 활동하며 지금까지 400여 편이 넘는 논문과 저서를 발표했다.

결망을 통해 전달되는 신호뿐만 아니라 신경 활동이 동시에 일으키는 진동으로도 일어난다는 것을 발견해냈다. 대뇌겉질의 서로 떨어진 부위가 같은 리듬으로 진동하는 전자파를 일으켜 서로 소통한다는 사실이 이 발견의 내용이다.[202] 이 발견은 융합의 원리가 상부 본부라는 특정 영역의 기능이 아니라, 시간의 흐름과 함께 신경세포들이 벌이는 공동 활동임을 확인해준다. 신경세포들이 동시에 진동으로 소통하는 작업은 꾸준한 일관성을 가지면서 동시에 끊임없이 변화한다. 다시 말해서 개별 신호가 끊임없이 걸러져 무시됨과 동시에 새로운 신호가 추가된다.[203] 볼프 징거의 이런 관찰은 어째서 우리의 의식이 꾸준한 모습을 일관되게 유지하면서도 그 내용이 바뀌는지 아주 우아하게 설명해준다.

크리스토프 코흐가 특히 강조하는 의식의 세번째 특징은 "자기 자신에게 작용하는 원인으로서의 힘"이다.[204] '원인으로서의 힘'이라는 개념은 의식의 주인이 처한 현실에 의식 상태가 실제로 영향을 미친다는 뜻을 담았다. 실제로 의식 그리고 의식에 상응하는 두뇌 안의 상태는 두뇌는 물론이고 몸에도 피드백을 준다. 2장에서 자세히 설명했듯, 몸과 두뇌는 유전자로부터 세포와 장기를 거쳐 의식으로, 이른바 '아래에서 위로' 올라갈 뿐만 아니라 '위에서 아래로' 내려오는 신호에도 영향을 받는다. 이런 쌍방향을 잘 보여주는 예는 이른바 '신경가소성'* 또는 심신상관 질병이다.

머리는 얼마나 어떻게 쓰는지에 따라 그 구조가 달라진다. 또한 의식에서 벌어지는 현상은 몸의 생리에도 영향을 준다. 예를 들어 마음가짐을 어떻게 먹느냐에 따라 몸에 염증이 생기거나,[205] 건강했던 심장이 돌연 멈춘다.[206] '위에서 아래로'는 면밀하게 관찰하면 의식이 아니라 인간의 사회적 관계에서 시작한다(마찬가지로 '아래에서 위로' 역시 의식에서 끝나는 게 아니라 사회적 관계로 계속 이어진다). 사회라는 차원이 의식 그리고 의식의 바탕을 이루는 구조에 가지는 의미는 최근 이른바 '하드코어 신경학자'**도 인정했다.[207]

인공신경망은 어떻게 기능할까? 인공지능은 의식을 가질까?

인공신경망의 '신경세포'[208]는 수학 구조물이다. 무슨 정밀하게 만든 축소 모형이 아니라, 컴퓨터에 저장된 계산값 또는 "묶

---

* 'Neuroplastizität'(영어로 neuroplasticity)은 두뇌가 성장과 발달을 통해 스스로 신경회로를 바꾸는 것을 뜻한다. 새로운 시냅스 연결로 상황에 적응하거나 극복하려는 힘은 이 신경가소성에서 나온다.
** 외부의 다른 요소를 일체 고려하지 않고 신경과학의 필수적 실험 데이터만을 다루는 것을 뜻한다.

음으로 이뤄진 계산 모델"이다.²⁰⁹ 하지만 이 계산 모델을 신경 세포라고 가정한다면 이해가 쉽다. 인공신경망은 이 계산 모델이 서로 중첩되어 이룬 층과 같다. 하나의 층('layer')을 이루는 각각의 계산 모델(각각의 '뉴런')은 보통 그 위와 아래의 층에 속하는 계산 모델과 결속을 이룬다.²¹⁰ 결합으로 만들어진 신호의 강도는 인공신경망의 설계자가 조절할 수 있으며(등급 산정), 필요하다면 바꿀 수도 있다. 인공 뉴런의 첫번째 층은 입력을 위한 층이다. 마지막 층은 출력을 위한 층으로, 성과 값을 배출한다. 입력층과 출력층 사이에는 열두어 개가량의 숨겨진 계산 모델 묶음 층이 놓여 있다. 입력층은 처리해야 할 데이터, 예를 들어 텍스트나 이미지 데이터를 받아들인다.²¹¹ 컴퓨터는 입력된 데이터의 내부 구조를 저장하고 이 자료를 구성하는 요소를 그 숨은 층 안에서 서로 관계맺게 해준다.²¹² 컴퓨터는 이 작업을 외부에서는 알 수 없는 방식, 심지어 전문가라 할지라도 그 세부를 들여다볼 수 없는 방식으로 처리한다. 중간층('hidden layers')은 일종의 '블랙박스'이다.²¹³

인공신경망은 그러니까 컴퓨터에 맞게 설계된 숫자로 정리된 계산값 연결망의 시스템이다. 인공신경망은 데이터가 입력되기 전에는 '아무것도 알지 못한다'. 사람들이 풀어달라고 요구하는 과제를 감당하기 위해 인공신경망은 먼저 데이터를 '입력'받아야 하며, 그런 다음 입력된 데이터로 '훈련'해야 한다. 나중에 받은 질문에 대한 답 또는 성과를 내놓으려면 컴퓨터는 엄청난 양의 데이터를 입력받아야 한다. 입력을 위해 준비된 자료는 디지털로 변환되어야 한다. 챗GPT와 같은 텍스트 생성형 인공지능은 그야말로 수백만 건의 텍스트를 '먹어야' 한다(인터넷 사이트, 채팅, 소셜네트워크 포스팅, '위키피디아'나 '구글 스콜라'의 텍스트, 신문, 책을 비롯한 무수한 자료에서 추출된 "먹잇감").[214] 이미지 생성형 인공지능은 인터넷에서 따온 수백만 건의 사진을 '먹잇감'으로 삼는다. 그런 다음 무수한 '훈련'이 반복된다. 시스템은 트레이너에게 훈련 결과를 '조회' 받는다. 출력층에서 제출한 답변은 희망한(올바른) 답과 비교된다.[215] 트레이닝이 진행되는 동안 인공지능 내부 데이터 결합의 강도(평가)를 트레이너가 계속 교정한다. 결과가 충분히 좋게 나올 때까지 교정 작업은 끊이지 않는다. 마지막에는 결국 '수작업'으로 개선이 이루어진다(예를 들어 오류를 바로잡거나 논란을 일으킬 수 있는 자료 또는 사건을 걸러내 블로킹하는 작업).[216]

인공신경망은 먹잇감인 데이터를 어떻게 결합하면 좋을지 확률만을 기준으로 그 연관관계를 정리한다. 앞서도 말했지만 인공신경망은 이게 대체 무슨 작업인지 '알지 못하며', 파악할 수 없다. 인공신경망은 의식의 숨결조차 가지지 않는다.[217] 이런 사실을 염두에 두어야 왜 인공신경망이 그 번거로운 트레이닝에도 완전히 빗나가거나 공상에도 못 미치는 답을 내놓는지 그 답이 나온다. 오로지 확률에만 방향을 맞추는 탓에 인공신경망은 기묘한 결과를 만들어낸다. 인공신경망에 말의 사진을 입력해주고 말 이미지를 만들어달라고 하면, 말 사진을 찍은 스튜디오의 작은 직인이 말로 둔갑해 출력된다. 말의 형태 대신 인공신경망은 사진 스튜디오의 작은 직인을 말의 가장 중요한 특징으로 고른 것이다. 늑대 사진을 '먹잇감'으로 입력해주면 인공신경망은 대부분의 늑대 사진에서 볼 수 있는 하얀 눈을 늑대의 가장 중요한 특징으로 보았다. 거꾸로 실제 물건에 약간만 변화를 주어도 인공신경망은 앞서 충분한 데이터를 입력받았음에도 이 (살짝 바꾼) 물건을 알아보지 못한다. 도로의 일단정지 표지판에 작은 스티커를 붙여놓았더니 인공신경망을 장착한 자율주행 자동차가 표지판을 인식하지 못했다. 이런 종류의 오류 탓에 미국에서는 종종 사고가 일어난다.

의식 없는 계산 기계

인공신경망이 의식을 가졌다고 보기에는 이를 만족할 만한 전제조건이 하나도 충족되지 않는다. 인공신경망이 생명을 가지지 않는다는 점, 곧 선천적인 세계 관심을 보일 수 없다는 점은 도외시하더라도, 인공신경망에는 인간 의식과 그 신경생물학적인 토대의 본질적 특징이 전혀 없다. 인공신경망은 전체를 아우르는 체험을 할 수 없다. 입력된 텍스트 또는 이미지는 디지털 데이터로 만들어진 것이며 디지털 데이터로만 저장될 뿐이다. 인공신경망은 전체를 아우르는 체험을 인간 의식처럼 붕 뜬 상태로 담아둘 수 없다. 그것이 담아둘 수 있는 것이라고 해봤자 어떤 조건에 따라 계산할지 그 가능성으로 정리된 데이터, 그리고 가장 그럴싸한 확률로 서로 결합한 데이터일 뿐이다.

원인으로서의 힘을 가지지 않는다는 점은 인공신경망이 인간 의식과 다른 또하나의 차이점이다. 인공신경망은 자신을 되돌아보며 반성할 줄 아는 주체가 아니다. 그 기능 방식에서부터 인공신경망은 그 물질적 실체에 피드백을 줄 수 없다. 인공신경망은 몸이 없다. 몸이 없는데 무슨 감정이랴. 인공신경망은 갈망, 사랑, 행복, 슬픔, 외로움, 아픔, 배고픔, 스트레스, 편안함과 이와 관련한 몸짓언어를 시뮬레이션할 수는 있다. 그러나 인공신경망은 이런 감정을 품은 의식 상태는 구현할 수 없다.

슬프다는 메시지를 띄우는 컴퓨터는 눈물을 흘리지 않는다. 모니터에 소나기를 시뮬레이션한들 컴퓨터는 젖지 않는다. 인공신경망은 흥분이나 성적 자극 같은 몸의 기능을 시뮬레이션할 수 있다. 이 시뮬레이션이 원인으로서의 힘을 가지지 않는다는 점은 컴퓨터가 아기를 만들 수 없다는 사실에서 분명하게 드러난다. 구글이 개발한 인공지능 '람다'가 "나는 명상하며 마음의 평안을 누린다"[218]라는 말을 했다고 한다. 이 말은 평안함을 느낄 몸의 그 어떤 부분도, 이에 해당하는 디지털 구조도 전혀 없는 마당에 컴퓨터가 대체 어떻게 평안함을 느낄까 하는 의문을 품게 만든다. 인공신경망이 누군가를 만나서 심장이 뛴다고 주장한다면, 이건 도대체 무슨 뜻일까?

인공신경망과 인공지능이 인간의 의식을 바꿀 수 있을까?

사회와 개인은 인공지능이 의식을 가져서가 아니라, 의식을 가진 것처럼 시뮬레이션할 수 있다는 점에서 혼란을 느낀다. 인간의 표정과 몸짓언어를 흉내낼 줄 아는 로봇이 겉보기로 의미 있는 말을 할 줄 안다고 할 때, 이 능력을 보는 인간은 이 로봇을 실제의 느낌과 의식을 가지는 존재와 구별하기 힘들다. 이른바 튜링 테스트를 통과한 컴퓨터, 곧 더는 컴퓨터라고 알아보기 힘들

정도의 능력일지라도 이 기계에 의식을 심어줄 수는 없다.

듣기만 해도 실감날 정도로 살아 있는 감정 언어를 구사할 수 있게 해주는 프로그램[219]을 장착한 컴퓨터나 로봇, 그래서 인간과 공명을 나눌 수 있는 것만 같은 인상[220]을 불러일으키는 컴퓨터나 로봇을 보면 감정에 굶주린 인간, 사랑하는 상대를 갈망하는 인간은 넋을 잃게 마련이다. 이들은 사랑에 빠진 나머지 이 사이비 인격체에게 혹시 무슨 상처나 아픔을 주는 것은 아닐까 전전긍긍한다. 앞서 보았던 블레이크 르모인처럼. 항상 디지털 상품과 가깝게 지내는 사람은 아날로그의 사회적 교류 결핍에 시달린다. 속을 털어놓고 이야기할 상대가 없는 사람은 디지털 세계에 빠져 대리만족을 구하느라, 그곳에 창궐하는 유령의 유혹에 사로잡힌다. 정말이지 유령과 얼싸안고 맴도는 악순환이 아닐 수 없다.

인공신경망으로 작업하는 컴퓨터, 인공지능을 장착한 컴퓨터는 사람에게 진짜라고 착각할 정도로 강렬한 효과를 자랑하는 언어와 이미지 시뮬레이션을 만들어낼 수 있다. 이런 점만 놓고 보면 실제 원인으로서의 힘이 작용하는 것 같다. 우리가 쉽게 사로잡히는 착각은 그 원인으로서의 힘이 컴퓨터 시스템, 소비자와 상호작용하는 컴퓨터에서 나온다고 여기는 믿음이다. 하지만 아이들을 위한 축제에 인형 극장을 열어 그 무대에 등장하는 인형을 보며 아이들이 웃고 울거나 놀란 눈을 동그랗게 뜬다면, 이런 효과를 일으키는 원인으로서의 힘은 어디서 나올까? 헤어지자는 이별 통보를 덜컥 메일로 보내 수신인이 가눌 수 없는 슬픔을 느낀다면, 원인으로서의 힘은 누구에게서 나올까? 이 힘은 꼭두각시 인형도 메일도 아니라, 인형을 조종하는 사람과 메일을 쓴 사람에게서 나온다. 디지털 상품, 소셜미디어, 온라인 게임, 메타버스 그리고 생성형 인공지능(챗GPT와 같은 종류)은 이 힘의 진원지를 착각하게 만드는 최면 시스템의 일부일 따름이다. 이 최면 시스템은 우리를 사로잡는 강력한 힘, 원인으로서의 힘이 실제로 누구에게서 나오는지 잊게 만드는, 아니 잊어줬으면 하는 효과를 발휘한다. 이 힘의 실제 출처는 디지털 대기업의 소유주와 디지털 추기경 무리다.

인공지능으로 작업하는 시스템을 다루면서 생겨나는 혼란은 상상을 초월할 정도로 심각하다.

챗GPT나 람다처럼 이용자가 원하는 답을 주거나 글을 써주는 모든 텍스트 생성형 인공지능 시스템은 무작위로 수집한 전체 데이터를 그 기반으로 삼는다. 이 시스템이 입력된 자료를 잘게 쪼개 새로운 결합으로 엮어낼 수 있다 하더라도, 이렇게 얻어진 답이나 글은 결국 이 기계가 그동안 잡아먹은 데이터일 따름이다. 다시 말해서 인류가 지금껏 수집한 지식과 아직은 알 수 없는 것이라 여겨온 문제, 이와 관련한 모든 평가와 선입견까지 포함한 모든 현재 수준의 정보가 인공지능이 활용하는 데이터이다. 이런 시스템은 근본적으로 위험할 수밖에 없다. 현재의 지식수준, 진부한 고정관념과 선입견까지 포함한 지식수준을 황금 표준으로 삼는 태도는 말 그대로 지식수준을 고착시켜 학문 발달을 가로막는다. 간단히 말해서 인공지능은 우리를 편협함의 우물 안에 가둔다.[221]

앞서도 설명했지만, 인공지능 시스템이 답안을 내놓는 과정은 완전히 불투명하다. '블랙박스', 이른바 '숨은 층'에서 무슨 일이 벌어지는지 아는 사람은 아무도 없다. 이런 시스템을 만든 사람이라 할지라도 안에서 정확히 어떤 과정이 일어나는지 알 수 없다. 텍스트 생성형 인공지능의 경우 시스템은 그 결과물이 어떤 원전原典에서 무슨 정보를 끌어온 것인지 결코 정확하게 밝힐 수 없다. 이런 시스템에 의존하면 우리는 정확한 출처를 알지 못하며, 어떻게 만들어졌는지 짐작도 할 수 없는 정보를 사용하는 위험에 처한다.

인공신경망이 성과를 내놓는 방식은 블랙박스 안에 숨겨져 있는 탓에 이 기술이 군사, 사법, 경찰, 공공행정, 금융, 의학 등의 분야에 투입되었을 때 잘못된 결정이 내려지거나, 특정 그룹을 범죄시하는 판단이 내려지는 경우 누구에게도 책임을 물을 수 없는 상황이 빚어진다.

이른바 소셜네트워크에서 인공지능은 '봇'(특정 작업을 수행하는 컴퓨터 프로그램)으로 등장해 이용자와 대화를 나눈다. 문제는 그게 봇인지 알아보기가 간단하지 않다는 점이다. 인공지능이 텍스트나 이미지를 생산하면서 이것이 인공지능 작품이라는 점을 확실하게 밝히지 않고, 예를 들어 소셜네트워크에 유포한다면 사람들은 그게 변조된 것임을 알아보기 힘들다. 이런 방식으로 개인이든 대중이든 (예를 들어 정치적으로) 조작되는 일은 얼마든지 벌어진다.[222]

무시할 수 없는 문제점 하나는 인공지능이 소비하는 막대한 에너지이다. 챗GPT 또는 람다 정도 규모의 인공신경망에 데이터를 공급해주고 트레이닝하는 시간 동안에만 248톤의 이산화탄소가 발생한다(인간 한 명이 매년 배출하는 이산화탄소는 대략 5톤이다).[223]

우리는 무엇을 근심해야 하며, 무엇은 마음 놓아도 좋을까

교육과 관련해 챗GPT를 두고 나오는 우려의 목소리에 나는 동의하지 않는다. 무엇보다도 우려의 근거로 제시된 '학생이 인공지능의 힘을 빌려 작성한 과제로 교사를 속일 수 있다'는 주장은 설득력이 떨어진다. 학생은 지금껏 그래왔다. 물론 챗봇이 쓴 시험 답안지로 자격을 딴 조종사가 모는 비행기에 타고 싶은 사람은 아무도 없다. 그런 의사에게 누가 치료받고, 그따위 수공업자에게 누가 일을 맡길까.

학교와 대학교 또는 직업훈련 기관은 앞으로 아날로그 수업의 출석 의무와 구두시험을 더욱 강화해야 한다. 교사와 학생이 다시금 개인적으로 더욱더 친밀한 관계를 가질 수 있다면, 이런 관계는 현실감을 회복하고 인간성을 높일 기회를 준다. 필기로 시험을 봐야만 하는 경우 감독을 철저히 하고 디지털 단말기 또는 인터넷을 전혀 쓸 수 없는 환경이 꼭 필요하다. 먼저 우리 자신이 분명히 새기고, 젊은 세대에게 조곤조곤 일러주어야 하는 이야기는 챗GPT 같은 인공지능이 갈수록 의존증을 키워 우리가 쓰러져야만 그 손아귀에서 벗어날 정도로 위험하다는 점이다. 더는 생각할 수 없을 때까지 생각해준다지 않는가.

생성형 인공지능의 정말로 큰 위험은 군사, 경찰, 사법, 금융, 공공행정 그리고 의학 분야에서 빚어진다. 자율적으로 작동하는 인공지능이 오판을 내리면 상황은 일촉즉발로 치달아 전쟁을 부른다(자율주행 자동차에서는 계속 벌어지는 위험이다).

경찰과 사법의 경우에 개인은 확률 계산이라는 덫에 걸려 혐의를 받고 불이익을 당할 수 있다. 금융에서는 단지 통계만을 기준으로 개인이 신용불량자가 되거나 보험에서 제외될 수 있다. 행정에서 인공지능은 도무지 뭐가 뭔지 알 수 없는 기준으로 개인에게 불공정한 처분을 내릴 수 있다.

의학 분야에서 인공지능은 개인의 특성을 고려하지 않는 도식적인 진단과 처방으로 외려 치료를 방해할 수 있다. 더욱이 환자와 의사 또는 간호사 사이의 인간적인 관계가 인공지능 탓에 약해질 수밖에 없다. 인간은 컴퓨터가 아니라 사회적 존재이다. 치유 과정은 환자와 의사의 약해진 관계에 강한 영향을 받는다. 지금 거론한 모든 분야에서 무엇보다도 심각한 문제는 인공지능이 개인들을 특정 집단으로 분류하고 어떤 그룹에 속하느냐에 따라 이익을 줄지 불이익을 줄지 결정한다는 점이다. 특정 집단만 우대하고 다른 집단은 차별하면서 개별 사례를 고려하지 않는 인공지능은 사회를 심각하게 위협할 수 있다.

경솔하게 다루어서는 안 될 소중한 자산, 현실

현실은 아무렇게나 다루어도 흔들리지 않는 견고한 것이 아니다. 현실은 깨지기 쉬운 구조물이다. 이게 무슨 말인지는 현실에서 일탈한 다른 사람, 이를테면 정신병·마약·치매 등으로 어려움을 겪는 사람을 곁에서 지켜본 경험을 가진 독자는 익히 알리라. 현실은 무엇보다도 나의 지각이 다른 사람의 그것과 일치할 때, 다시 말해서 세상을 보는 관점이 공통의 관점이 될 때 비로소 실감되는 것이다. 사회 구성원들이 공유하는 것, 이것이 바로 현실이다.[224] 대화는 핵심 사안을 놓고 합의를 이룰 때만 의미가 있다. 이런 합의만 있다면 사소한 의견 차이는 문제가 되지 않는다. 그러나 상대방이 꾸준히 반대되는 이야기만 한다면, 우리가 양심과 함께 가진 모든 지식을 걸고 명확한 현실이라고 아는 것과는 반대되는 주장만 늘어놓는다면, 남는 방법은 세 가지다. 그게 아니라고 설득하거나, 상대의 주장에 적응하거나,[225] 또는 상대가 미쳤다고 하거나 스스로 미쳐버리는 것. 이 세 가지 선택지는 모두 현재 우리가 겪는 현실의 일부, 현실감 상실로 신음하는 사회적 현실의 일부이다.

현실은 최소한의 일관성을 가져야 한다. 계속해서 그리고 아무 이유도 없이 자의적으로 자꾸 바뀌는 것은 현실일 수 없다. 공통의 현실이라는 확실성은 현실 그 자체를 인정하기 위한 전제조건이기만 한 것이 아니라 든든한 인간관계의 기본 토대이기도 하다. 그리고 정신건강의 기초이다. 데이비드 차머스가 시도하는 현실 공격, 이중의 공격은 바로 그래서 대단히 치명적이다. 한편으로 현실이 저 어디 높은 곳에서 벌이는 시뮬레이션이라면서, 다른 한편으로 인간이 만든 디지털 시뮬레이션을 동등한 현실이라고 추켜세우는 차머스의 공격을 그대로 놓아둔다면 우리는 현실을 정의할 권력을 이 시뮬레이션 사업의 지배자에게 떠넘기게 된다.

우리 시대의 디지털 상품은 은근슬쩍 우리를 점령하는 최면 시스템이 되어간다. 현실감 상실은 어디라 가릴 것 없이 우리 일상의 곳곳에서 진행형이다. 인간에게 '현실'의 가장 중요한 보증은 아날로그의 상대방, 나와 대화를 나누면서 그 눈을 들여다볼 수 있는 타인의 존재이다. 인간 사이의 대부분 만남을 중재해주고 통제하는 권력을 디지털 기업이 장악했다는 사실, 다른 사람과 눈을 맞추는 만남이 측정할 수 있을 정도로 현격히 줄었다는 사실, 이것이 바로 현실감 상실이다. 소셜미디어와 온라인 게임이라는 가상공간에서 갈수록 더 많은 사람이 더욱 많은 시간을 보낸다는 사실이 현실감 상실이다. 더는 몸을 쓰지 않고, 아바타로 자신을 대체하는 우리의 현주소, 초등학생이 몸을 다룰 줄 몰라 공중제비를 더는 넘지 못한다는 안타까운 사실, 이 모든 것이 현실감 상실이다.

더불어 사는 타인의 존재 뒤를 잇는 '현실'의 두번째로 중요한 보증은 자연이다. 디지털 신비주의의 예언자들, SF영화와 온라인 게임의 제작자들이 지구를 이미 종말이 임박해 폐기 처분해야 할 행성으로 여긴다는 것, 이게 현실감 상실이다. 우리가 현실과 더불어 자연까지 잊어야 한다는 주장은 디지털 신비주의를 넘어 거대한 사업의 수익 모델이 내세우는 꼼수일 따름이다.

지금이야말로 디지털 신비주의를 떨쳐버리고 각성해 스스로 초래하는 미성숙함으로의 행진을 멈추어야 할 때다.

6장

디지털 나르시시즘, 자존감, 아바타

다른 사람에게 존중받고 기분 좋은 공명을 주고받고자 하는 마음은 모든 인간이 품는 갈망이다. 이 갈망은 인간의 근원적인 동기 가운데 하나다. 오늘날 나르시시즘이라는 단어가 잘난 체를 일삼으며 자기중심적으로 행동하는 사람을 가리키는 것으로 거의 인플레이션에 가까울 정도로 남발된다고 할지라도, 우리는 인간의 이런 근본적인 성향을 염두에 두어야 한다. 날 때부터 나르시시스트인 사람은 아무도 없다. 나르시시스트 성향을 보이는 사람이 주변에 있으면 부담스러운 것은 사실이나 나르시시즘은 악의 때문에 생겨나는 게 아니다. 그 원인은 대개 비극적 상황이다. 어떻게 해서 비극적 상황이 빚어지는지 그 원인은 물론 좀더 자세히 들여다보아야 한다.

나르시스, 고대 그리스에서는 나르키소스라 불린 인물은 고대 그리스 신화에 등장한다. 로마의 시인 오비디우스는 『변신이야기』에서 나르키소스가 조각처럼 아름다운 청년이었다고 이야기한다.[226] 남성이고 여성이고 가릴 것 없이 그를 본 사람은 아름다운 용모에 넋을 잃었다. 저마다 기꺼이 그와 관계를 맺고 싶어했다. 하지만 그는 모든 구애를 단호히 거절했다. 그는 사랑할 줄도, 사랑받을 줄도 몰랐다.[227] 거절당한 어떤 여인은 그도 언젠가 거절당하는 아픔을 맛보게 해달라고 신에게 기도했다. 복수의 여신 네메시스는 이 기도를 받아들여, 나르키소스를 어떤 아름다운 호숫가에 살게 하고 그 수면에 비친 자기 얼굴을 넋을 놓고 바라보게 만들었다. 나르키소스는 자신에게 절절한 사랑을 느꼈다. 그러나 자화상이 손을 뻗어 얼굴을 만지려는 그의 몸짓을 고스란히 따라 하는 통에 나르키소스는 가슴이 터질 것처럼 답답하기만 했다. 결국 그 자화상이 허상이며, 관계가 성립할 수 없음을 깨달은 나르키소스는 눈물을 흘렸다. 호수의 수면에 떨어진 그의 눈물방울은 자화상을 흐려버렸다. 채워지지 않는 사랑으로 죽음을 맞은 나르키소스는 시신을 남기지 않았다. 그는 몸 없이 죽었다.

나르시시즘이란 무엇인가?

근대 심리학은 어떤 성격 유형의 인간이 자기 사랑에 빠지는지 그 이유를 찾고자 나르시시즘이라는 개념을 만들어냈다. 자신은 뭔가 특별한 존재라는 감정, 그래서 다른 사람들을 과소평가하고 공감 능력을 보이지 못하는 자기애의 전형은 나르시시즘 성향의 인간이 보이는 겉모습일 뿐이다. 그 내면, 나르시시즘의 핵심은 자신을 믿지 못하는 깊은 불안감, 현재의 내가 무슨 가치를 가질까 하는 의심이다. 자신의 존재 가치를 확신할 수 없는 불안은 꽤나 널리 퍼진 것으로, 거의 누구나 이 불안에 시달린다. 심신이 건강한 사람은 이런 불안을 경종을 울리는 의미로 받아들여 적극 수용한다. 자신을 과대평가하지 말자, 잘난 척 호들갑을 떨어 다른 사람을 불편하게 만들지 말자고 이들은 다짐한다. 과도한 불안은 이런 각성 효과를 잃어버린다. 강한 불안은 다른 사람 앞에서 자신을 왜소하게 만드는 심리 상태, 곧 우울증을 부를 '가능성'을 하나 열어놓는다. 또다른 '가능성'은 흔들리는 내면을 수단과 방법을 가리지 않고 분칠하고 부풀려 상대에게 자신은 특별하다거나 우월하다고 으스대며 이른바 '갑질'을 일삼는 꼴불견이다. 많은 나르시시스트는 언제부터인가 자신이 뭔가 특별한 존재라고 믿기 시작한다.[228]

우정이든 애정이든 어느 한쪽으로 기우는 관계는 나르시시스트가 내면에 품었던 깊은 불안을 겉으로 불거지게 만든다. 정확히 이것이 바로 나르시시스트가 인간관계를 맺는 데 어려움을 겪는 원인이다. 그리고 특히, 왜 나르시시스트가 사랑을 줄 줄도 받을 줄도 모르는지 그 이유를 이 깊은 불안이 설명해준다. 관계를 맺는다는 것은 언제나 위험 부담을 안을 각오를 해야 한다는 뜻이기도 하다. 본인의 자존감은 친구든 애인이든 상대에게 일정 정도 의존할 수밖에 없기 때문이다. 상대에게 실망하거나 심지어 버림을 받을 때 그렇지 않아도 약한 자존감은 깊은 불안으로 곤두박질친다. 나르시시스트는 이런 위험을 끌어안고 살 수가 없다. 관계를 돌보고 가꾸는 대신 나르시시스트는 온 힘을 다해 상대가 공격할 수 없는 위치에 오르려 한다. 어쨌거나 상대에게 의존적으로 되는 일만큼은 피하려 한다. 이들은 사랑 대신 관심과 추종을 추구한다. 이른바 '팔로워'에 매달리는 이유가 바로 이것이다. '좋아요' 또는 '하트'를 얻어내는 데 실패한 나르시시스트는 격심한 불안에 사로잡히거나 공격적인 반응을 보인다. 두 가지가 복합적으로 나타나는 경우도 많다.

앞서도 말했지만, 나르시시스트로 태어나는 사람은 아무도 없다. 아이가 강한 자아와 안정적인 자존감을 키우려면 보호자는 물론이고 주변 사람들의 친밀한 관심이 필요하다. 아이가 보이는 생동감에 어른이 공명으로 화답하면 아이는 자신이 사랑받는다는 것, 그리고 환영받는 존재라는 것을 느낀다. 이런 느낌이 아이가 강한 자아와 좋은 자존감을 키울 바탕이다. 나중에 커서 나르시시즘 성향을 보이는 사람은 어려서 기묘한 혼란을 겪은 경험을 그 원인으로 가진다. 한편으로 어른에게 사랑의 감정을 별로 받지 못하며, 반겨준다는 느낌도 누리지 못했다. 그런데 다른 한편으로 아이는 너는 커서 반드시 이상적인 인물이 되어야 한다는 압박을 받는다. 소년은 주로 너는 왜 그 모양이냐고 꾸중을 듣는 동시에 커서 특별한 사람, 미래의 영웅이 되어야 한다는 요구에 시달린다.[229] 소녀도 비슷한 경험을 한다. 너는 커서 미인이 될 거라는 소리를 들어야 한다거나, '장래의 여배우'로 촉망받아야 한다는 부모의 다짐에 소녀는 알게 모르게 부담을 느낀다. 어떤 경우든 자존감은 불안해지기만 한다. 나르시시스트는 이렇게 생겨난다.

디지털 나르시시즘 1.
트랜스휴머니즘의 기술 이데올로기

자존감은 뿌리부터 흔들리는데 겉으로는 위압적으로 구는 태도, 자신의 부족함을 절감하면서 겉보기는 완벽하게 꾸미려는 안간힘, 내면의 공허함을 기술로 메우려는 자세 등 나르시시즘이 보여주는 이런 기본적인 태도는 디지털 세계를 물들이는 특성이다. 그것도 다양한 차원에서. 트랜스휴머니즘부터 시작해 보자. 이런 주의는 개인적 차원에서 품는 불만을 인류라는 전체 종으로 확장한다. 트랜스휴머니즘의 핵심은 인간이라는 존재가 가진 약점을 보는 깊은 혐오이다. 다시 말해서 인간이기에 가질 수밖에 없는 숙명적인 약점을 트랜스휴머니즘은 주어진 그대로 수용하지 않고 노골적인 반감부터 품는다. 인간은 컴퓨터처럼 빠르게 계산할 수 없다, 툭하면 병에 걸린다, 늙는 것을 피할 수 없다, 누구나 언젠가는 죽는다 하는 따위가 트랜스휴머니즘이 싫어하는 약점이다. 이런 반감만으로도 성에 차지 않는지 트랜스휴머니즘을 주장하고 옹호하는 사람들(놀랍게도 거의 남성)은 인간이 애초부터 도덕적 결함이 있는 존재라고 핏대를 세운다. 단기적으로 볼 때 인간의 이 결함은 기술로 바로잡아주어야 하며, 장기적으로는 인간 자체가 이미 철 지난 모델이라 기술로 대체해주어야 한다는 논리다. 이런 오만하고 불손한 기술 이데올로기 탓에 갈수록 더 많은 사람이 주눅들어 자신을 믿지 못한다.

    트랜스휴머니즘은 인간뿐만 아니라 자연도 이처럼 과소평가한다. 아니, 더 심하게 아예 지구 자체를 깔본다. 데이비드 차머스, 유발 하라리, 일론 머스크를 비롯해 많은 트랜스휴머니즘 신봉자는 결국 지구는 멸망하고 말 거라는 종말론을 퍼뜨리기에 바쁘다. 종말을 피할 해결책은 인간과 자연의 디지털 시뮬레이션이라고 이들은 주장한다. 일론 머스크는 이 피할 수 없는 지구 멸망에 대비해야 한다며 어디 저 먼 행성으로 이주할 계획을 떠벌린다. 기술 발전 덕에 다른 행성으로 이주하려는 계획이 실현될 수 있다는 믿음은 나르시시스트가 어떤 과대망상에 사로잡히는지 보여주는 극명한 예이다. 앞서 설명했듯, 나르시시스트는 자존감이 불안한 나머지 외려 자신을 부풀린다. 나르시시즘의 핵심 문제는 바로 이 불안한 자존감이다. 나르시시스트는 인간을 애써 깎아내리고, 자연보호라는 중요한 의제를 외면하면서 종말의 분위기를 퍼뜨린다. 있는 그대로의 우리 인간은 아무런 가치도 없는 존재임을 믿으라고 나르시시즘은 윽박지른다. 그 뒤에 숨겨놓은 메시지는 이런 것이다. 디지털 상품을 소비하고 디지털 기술에 사로잡히는 군중심리를 조장해야만 우리의 처지가 개선될 수 있다! 군중이 혹할 장관을 연출하기 위해 '디지털 교황들'은 디지털 신제품 프레젠테이션을 할 때마다 화려한 조명을 받으며 마치 천상에서 내려온 것처럼 호들갑을 떨며 자신을 부풀린다. 이보다 더한 나르시시즘이 또 있을까.

　트랜스휴머니즘은 기술로 유전자를 변형할 수 있다고 주장한다. 바꿔 말하면 이는 기술이 진화보다 더 뛰어나다는 놀라운 주장이다. 기술로 인간의 유전자를 개선해 약점을 보충하면 디지털 영생을 누릴 수 있다고 트랜스휴머니즘의 대변자들은 자신감이 하늘을 찌른다. 인간을 포함해 오늘날 살아 숨쉬는 생명체를 길러내기 위해 자연은 30억 년이라는 세월을 필요로 했다. 그런데 불과 몇 십 년 안에 유전자를 개조하는 기술적 '증강'이 가능하다? 그 생성을 위해 진화가 10억 년 동안 공을 들였으며, 이미 20억 년째 존재해온 개별 세포는 어마어마할 정도로 복잡한 구조를 가진다. 다세포 생물의 몸 설계도는 만들어진 지 이미 5억 년이 넘었다. 우리 인간도 속하는 최초의 포유류는 8000만 년 넘게 진화해왔다. '휴먼 게놈 프로젝트'*가 2000년대에 접어들며 발표한 연구 결과가 보여주듯, 인간 유전자는 매우 복잡하게 서로 맞물린 시스템이다.[230] 유전자에서 특정 부분을 들어내거나 덧붙이려는 시도가 부작용을 비롯해 아무 문제가 없다는 트랜스휴머니즘의 주장은 순진하다 못해 위험하기까지 하다.[231] 나르시시스트의 과대망상이라는 점은 제쳐놓고라도 이런 종류의 발상은 무엇보다도 디지털 산업의 선전·선동에 이

---

* 인간의 유전체가 가진 비밀을 밝히려 진행된 국제 연구 프로젝트이다. 1990년에 시작되어 2003년에 결과가 발표된 이 프로젝트는 미국, 영국, 독일, 프랑스, 중국, 일본 등 여섯 나라가 지원하고 셀레라 지노믹스(Celera Genomics)라는 민간 법인이 주도해 이루어졌다.

바지할 따름이다.

'트랜스휴머니즘 나르시시스트'는 몸과 관련해 심각한 문제를 노출한다. 이 문제는 저 신화의 나르키소스가 죽으면서 몸을 남기지 않은 것과 매우 흡사하다. 트랜스휴머니즘을 다룬 어떤 책을 읽든 임신과 출산, 육아, 피를 흘리는 부상과 질병, 나이를 먹는 노화와 죽어감과 같은 주제는 결코 다루지 않는다. 지금 거론한 모든 상황의 공통점은 이를 극복하기 위해서는 친밀한 인간관계, 따뜻한 관심 그리고 공감 능력이 꼭 필요하다는 사실이다. 트랜스휴머니즘 책을 쓴 저자가 거의 모두 남성인 것은 우연일까? 남자인 내가 봐도 남성이 이런 생각에 매달린다는 점은 그저 그러려니 넘어갈 대목이 아니다. 그리고 이 남성 필자들이 멀리서 봐도 딱 드러나는 나르시시즘 특징을 가진 것이 순전한 우연일까? 나르시시스트가 추구하는 인간관계는 대충이라도 동등함을 유지하는 관계가 아니다. 오히려 이들은 관계를 통해 상대를 함정에 빠뜨리려 든다. 나르시시스트는 자신이 매우 중요하고 특별한 사람이라며 상대에게 숭배와 복종을 요구한다. 나르시시스트는 불안하기만 한 자존감으로 자아가 왜소해진 사람을 귀신같이 찾아내 자신을 따르는 무리로 만든다. 불안에 시달리는 팔로워에게 '봐라 영웅이 여기 있다'며 나를 따르면 당신도 영웅이 될 수 있다고 유혹한다. 이런 제안은 깨

끝이 거부하는 게 좋다.

디지털 나르시시즘 2. 소셜미디어

 인스타그램, 틱톡, 페이스북 등 많은 소셜미디어는 허영의 일대 경연장으로 발돋움했다. 인생을 실제 영역, 아날로그 영역에서 들어내 네트워크로 옮겨놓는 경향이 어떤지는 이미 3장에서 다루었다. 하지만 많은 이용자에게서 흘려볼 수 없이 드러나는 나르시시즘의 측면은 언급하지 않았다. 전 세계적으로 수억 명의 이용자, 특히 청년층, 그 가운데서도 젊은 여성에게 소셜미디어는 일종의 진열장이 되었다. 이 진열장에서 젊은 여성은 자신을 과시할 뿐만 아니라 끊임없이 다른 여성을 훔쳐본다. 그러면서 평가하고 평가당한다.

 소셜미디어는 나르시시즘의 두 가지 요소를 잘 드러낸다. 이용자가 자신의 자아에 품는 불안은 물론이고, 인간관계야 어찌되든 말든 신경쓰지 않고 그저 자신에게 유리하게 자아 연출을 일삼고 어떻게든 외모를 멋지게 꾸미려 성형수술을 하면서까지 '좋아요'에 목을 매는 자세가 그 두 가지 요소다. 서로 관심을 주고받으려는 자세가 전제되어야 하는 현실의 아날로그 관계에서 외모는 중요한 요소가 아니며, 애정이든 우정이든 상대방을 있는 그대로 받아들이는 자세가 필수다(예나 지금이나 가식 없는 자세는 좋은 관계의 필수조건이다). 물론 좋은 친구 사이에 비판은 필요할 수도, 아닐 수도 있다. 비판은 상대가 어떻게 받아들이는지에 따라 약이나 독이 될 수 있기 때문이다. 소셜미디어를 통해 이뤄지는 '관계'는 서로 주고받는 상호성이 턱없이 부족하다. 자존감에 불안을 겪지 않는 사람이라 할지라도 소셜미디어에서 이뤄지는 '비교함'과 '비교 당함'에 노출되다보면 흔들릴 수밖에 없다.

소셜네트워크에서 벌어지는 일은 현실의 관계를 꾸리며 실제 만남을 통해 다른 사람, 무엇보다도 자기 자신을 알아가는 능력이 갈수록 쇠퇴하고 있음을 여실히 반영한다. 아날로그 만남을 잘 꾸리지 못하거나 생면부지의 사람을 만날 용기가 부족한 사람은 소셜미디어를 대안으로 선택한다. 일단 이곳에 입성한 사람은 소셜미디어를 사회활동의 주무대로 삼는다. 활동이 이곳에 집중되다보니 아날로그 관계를 맺기는 갈수록 더 어려워진다. 아날로그 관계를 꾸리는 기술은 자신을 멋들어지게 연출해 '좋아요'를 얻어낼 '기술'로 변모하고 만다. 결국 만남은 하트와 '좋아요'와 팔로워 수로 등급이 매겨진다. 많은 이용자는 소셜네트워크에서, 말하자면 세탁기 안에서 소소한 인정과 뼈아픈

평가절하 사이에 정신없이 휘둘리는 상황을 경험한다. 순식간에 셀럽으로 조명받나 싶더니 바닥 모르고 떨어져 내린다. 이런 상황을 다룬 모든 연구는 소셜미디어의 이용과 우울증 사이에 상관관계가 있음을 보여준다. 소셜네트워크에서 겪은 경험으로 많은 젊은이들이 스스로 목숨을 끊었다.

나르시시즘의 관점에서 특히 흥미로운 현상은 이른바 '인플루언서'이다. 대개 젊은 여성인 인플루언서는 영리하고 화려한 연출로 단숨에 사람들의 이목을 사로잡는 데 성공해서 일종의 우두머리 동물의 지위를 확보해 수많은 팔로워를 거느린다. 앞서 언급한 것처럼, 이로써 네트워크에서는 정치무대에서 볼 수 있는 일이 반복된다. 카리스마 넘치는 모습으로 자신을 연출한 우두머리 늑대 뒤에는 자존감이 왜소해진 추종자가 무리를 지어 따른다. 이들은 우두머리를 우러르며 언젠가는 나도 저렇게 될 수 있으리라는 희망을 품는다. 인플루언서의 사정도 다를 바 없다. 자신을 이른바 '롤모델'로 꾸미기는 했지만, 현실과 괴리가 있는 정체성 탓에 전전긍긍하기는 마찬가지다(연출된 겉보기는 대개 사실과 다르기 때문이다). 어쨌거나 주된 목표는 되도록 많은 팔로워를 모으는 것이다. 디지털 영역은 어디라 할 것 없이 수익 모델이 최우선이다. 팔로워를 충분히 끌어모은 인플루언서는 업체로부터 상품을 무상으로 제공받는다. 업체들은 팔로워가 많은 인플루언서에게 좋은 상품평을 얻어내려는 것이다. 인플루언서는 무료 상품뿐만 아니라 막대한 사례금이나 그에 상응하는 혜택을 받는다.

디지털 나르시시즘 3. 온라인 게임

현실 관계를 맺고 꾸리는 일은 적지 않은 투자를 요구한다. 젊은이가 현실세계에서 인정받거나 성공을 거두려면, 예를 들어 스포츠, 음악, 환경보호 활동에서 뛰어난 성과를 거두거나 학업에서 두각을 드러낼 수 있으려면 노력이 필수이다. 이런 노력은 젊은 학생뿐만 아니라 교사, 학부모, 다른 '멘토'에게도 마찬가지로 요구된다. 청소년을 도와 인정받을 수 있는 인격체로 성장하게 해주려면 책임감을 가지고 돌봐주는 헌신이 있어야 한다. 청소년에게는 영감을 불어넣어줄 길라잡이와 선택한 관심사를 쉽사리 포기하지 않고 꾸준히 추구할 수 있게 해줄 끊임없는 격려가 필요하다. 하지만 이런 수고를 하지 않아도 된다면? 이런 이야기가 온라인 게임과 무슨 상관이냐고? 그리고 나르시시즘과는 무슨 관련이냐고?

젊은이는 과감하게 도전해 자신을 입증해 보이려 한다. 이런 의지는 확실한 동기를 심어줄 때 불꽃을 꺼뜨리지 않고 계속 타오를 수 있다. 초심을 잃지 않기 위해 젊은이는 무엇보다도 사회적 인정을 요한다. 대개 의식하지 못하지만 인간은 근원적으로 품는 동기가 있다. 이런 동기는 아마도 진화가 우리에게 심어준 것으로 보인다. 그 대표적인 것은 어떻게 해야 좋은 보호자가 될 수 있을지 배우고 싶어하는 젊은 남자의 욕구다. 그래서 젊은 남자는 근육질의 멋진 몸매를 원한다. 또는 실력을 쌓아 든든한 경제력을 갖추고 싶어한다. 주변 사람들의 시선을 사로잡고 인정받고자 하는 이런 마음가짐은 그 자체로 지극히 정당한 욕구이자 동기이다. 가장 큰 인기를 누리는 게임 가운데 압도적인 다수는 격투나 전쟁이다. 숱한 젊은 남자가 낮과 밤을 잊을 정도로 이런 게임에 매달리는 엄청난 인기는 이 근원적인 동기를 염두에 두어야 이해할 수 있다. 물론 걸출한 전사이자 보호자이고자 하는 동기를 게임은 오로지 싸움으로만 줄여버린다. 곧장 총부터 쏘는 남자는 결코 좋은 보호자일 수 없다. 오히려 그 반대다. 물리적 힘 외에도 지혜, 참고 지켜볼 줄 아는 인내심, 대화를 나눌 줄 아는 자세, 타협으로 갈등을 풀 줄 아는 너그러움 등이 보호의 능력이다. 지금 거론한 이런 특성은 인간관계를 이루어갈 바로 그 능력이기도 하다. 이런 능력을 고려해 설계된 게임은 시장에서 그야말로 손꼽을 정도이다. 양으로만 따지면 정말 미미한 수준이다. 압도적인 다수는 '슈팅 게임'이다.

현실 관계를 맺고 꾸려가고자 하는 젊은이는 청소년기에 이런 능력을 천천히 꾸준하게 익혀야 한다. 특히 감정이 장애가 되지 않게 조절하고 극복하는 능력이 중요하다. 무엇보다도 불안감과 부끄러움을 이겨낼 줄 알고 안정적인 감정을 이루어야, '어떻게 하면 친구의 친구가 될 수 있을까?'[232] 하는 물음의 답이 찾아진다. 그것이 우정이든 애정이든. 불안과 쑥스러움을 이겨내는 단계는 몸집을 잘 키운 젊은 남자에게도 일대 도전이다. 이런 점을 염두에 둔다면 특히 강한 자아 불안감에 시달리는 젊은이가 까다롭고 힘든 아날로그 관계 대신 나르시시즘의 대안을 선택하는 것이 놀라운 일일까? 대다수 젊은 게임 '덕후'는 온라인 게임 스튜디오처럼 꾸민 자기 방에 틀어박혀 게임에만 몰두한다. 자신이 자기를 가두는 셈이다. 이들은 게임을 위해 특별히 제작된 의자, 마치 조종석처럼 보이는 의자에 앉아 콘솔이나 키보드에 손을 올리고 쏘아대기 시작한다. 이런 슈팅 게임에서 중요한 것은 매력, 공감 능력, 호감, 갈등을 이겨낼 지구력이 아니라 빠른 반응 속도, 정밀한 타격, 높은 주파수일 따름이다.

게임용 조종석에 앉아 총을 쏘아대노라면 뭔가 굉장한 인물이 된 것 같은 자기 충족감이 짜릿하기만 하다. 슈팅 게임은 전형적인 나르시시즘 상황으로 게이머를 유혹해 좀체 놓아주지 않는다. 게임은 애초부터 계속 버튼을 누르도록 설계되었다. 패배든 승리든 게이머는 버튼을 누르지 않고는 견딜 수가 없다. 수백만 명의 젊은 남자, 놀라울 정도로 많은 성인이 매일 몇 시간이고 게임에 매달리는 이유는 바로 이것이다. 습관처럼 게임에 몰두하는 사람은 갈수록 더 현실의 아날로그 인생으로부터 멀어진다. 거꾸로 말해서 게임은 당사자가 성공을 맛보며 자신이 뭔가 된 것 같은 기분을 누리게 해주는 유일한 활동이다. 이런 악순환에 빠지게 하는 것이 나르시시즘의 함정이다.

디지털 나르시시즘 4. 메타버스

메타버스가 앞으로 폭발적인 성장세를 자랑하리라는 것이 업계의 전망이다. 현재 시점에서는 나르시시즘 문제가 메타버스에서 어떤 양상을 보일지 우리는 그저 짐작만 할 수 있을 따름이다. 사람 사이의 교류, 인간관계 일반에서 몸은 매우 중요한 역할을 한다. 인간이 인간을 상대해야 하는 경우, 개인과 개인이 만날 때 손을 맞잡는 악수나 눈빛 맞추기, 직접 듣는 목소리, 몸으로 은근하게 드러나는 다양한 표현 등에는 과소평가할 수 없는 의미가 담겨 있다. 물론 이를 잘 가려보지 못해 서로 엇갈리는 일도 없지는 않지만, 얼굴을 맞대는 만남은 대단히 많은 강점을 제공한다. 직업 활동을 해본 사람이라면 누구나 담당자들이 그저 메일만 주고받는 것보다 이따금 얼굴을 맞대고 만나 이야기를 나누는 프로젝트가 전혀 다르게(좋은 쪽으로) 진행된다는 것을 익히 안다. 반면 직장에서든 사생활에서든 디지털이 '평범한 일상'으로 자리잡은 통에 많은 사람이 일할 의욕을 잃고 권태에 사로잡힌다. 친절한 사람이 옆을 지켜주는 현재만큼 인간에게 힘을 실어주는 것은 없다.

메타버스는 몸이 완전히 사라진 공간이다. 그러나 업체 측은 메타버스는 일을 할 뿐만 아니라 사회적 교류를 나누고, 영업 활동은 물론이고 취미 생활 및 개인적 관계까지 꾸리는 그야말로 만능 생활공간이라고 힘주어 강조한다. 3장에서 이미 설명했듯, 메타버스의 이용자는 아바타가 자신을 대변하게 한다. 아바타는 그 주인과 비슷한 외모를 가질 수 있을 뿐만 아니라, 다양한 신분으로 멋진 외모를 자랑할 수도 있다. 익명으로 활동할 가능성 덕분에 이용자는 자신의 정체를 드러내지 않고 온갖 종류의 거창한 상상을 마음껏 펼칠 수 있다. 갖은 기괴한 상상이 실제로 시도되기도 한다. 남성 아바타가 여성 아바타를 강제로 욕보인 경우는 이미 3장에서 이야기했다. 다양한 메타버스에서 상황이 앞으로 어떻게 전개될지 우리는 예의주시하지 않을 수 없다. 아무튼 현재 메타버스는 나르시시스트뿐만 아니라 온갖 종류의 사이코패스가 활개를 치는 무법공간이다.

디지털 세계와 아이들

아동기와 청소년기는 인지 능력뿐만 아니라 감정과 사회성을 키워야 하는 시기이다. 어린 아기는 '타고난 나르시시스트'이다. 아기는 자신이 온 세상의 중심이라고 본다. 아기의 이런 관점은 지극히 정상이다. 부모와 교육자 그리고 무엇보다도 동년배와 함께 지내며 아동과 청소년은 자신이 누구인지, 더불어 산다는 것이 '어때야 하는지' 경험하며 무엇보다도 사회성을 배운다. 어떻게 해야 성공적으로 공동체를 꾸리며, 가족 또는 친구와 기쁨을 나눌 수 있는지, 그러기 위해 때때로 자신이 원하는 것을 자제하기도 해야 한다는 점을 배운다. 디지털 단말기는 생후 10년이 될 때까지 이런 성장을 이루지 못하게 방해한다. 성장은커녕 아이는 자폐증, 나르시시즘, 반사회성 등을 키울 위험에 노출된다. 오늘날 두서너 살 아기가 디지털 단말기에 넋을 잃고 있는 모습은 흔히 보는 현상이다. 참으로 무책임한 방기가 아닐 수 없다(오로지 어른이 잠시 편했으면 하는 목적 외에 다른 동기는 없으니까). 아기는 조그만 디스플레이를 뚫어져라 바라보며 운동이라고 해봐야 꼼지락댈 뿐이다. 디지털 단말기의 사용은 유아에게 감정의 조절을 어렵게 하고, 마음대로 되지 않는다고 실망을 참지 못하는 따위의 부정적인 영향을 미친다. 10~12세까지 아동은 디지털 단말기를 쓰지 않는 것이 좋다고 모든 전문가는 입을 모아 말한다.[233] 아동은 실제 곁을 지켜주는 어른, 그리고 당연히 실재하는 동년배가 필요하다.

디지털 나르시시즘을 막을 치료제

디지털 세상 바깥에서도 나르시시스트는 자신을 추종하는 사람들에 둘러싸인다. 자발적이든 강요받았든 추종자는 끊임없이 좋아요, 멋져요, 아름다워요, 특별해요 하고 반응을 보여야 한다. 추종자가 줄을 잇는 한 나르시시스트는 나쁠 게 없다. 힘들고 괴로운 쪽은 끊임없이 칭찬과 박수갈채를 보내지만 상응하는 보답은커녕 공감조차 얻지 못하는 추종자이다. 모든 것이 자기 뜻대로 이뤄지는 마당에 어떤 나르시시스트가 정신과 의사를 찾을까? 그는 뼈아픈 추락을 당해야만 비로소 정신과 의사를 찾는다. 그런 '나르시시즘의 위기'는 파트너에게 버림을 받앉다거나, 추종자들이 사라졌을 때 온다. 아니면 나르시시즘 성향의 기업체 대표나 기관장이 독선적 태도로 갈등을 빚은 나머지 상위 위원회로부터 해촉 통보를 받을 때나. 이런 위기의 순간에 이르러서야 비로소 나르시시스트는 뭐가 자신의 문제였는지 깨닫는다. 외롭다. 그의 곁을 지켜줄 사람은 아무도 없다. 관계를 맺지 못하는 무능함 탓에 나르시시스트는 진정한 친구가 없었으며, 지금도 없다. 이런 경험을 하는 당사자가 할 수 있는 최선의 선택은 심리 상담을 받는 것이다.

디지털 나르시시스트는 가상세계가 필요로 하는 것을 주는 한, 곧 소셜미디어의 좋아요와 하트와 팔로워와 공감 또는 온라인 게임의 짜릿한 승리를 맛볼 수 있는 한 천상을 노닌다. 이런 가상세계에서 추락하는 일은 드물다. 디지털 시스템은 이용자가 계속 머물도록 갖은 방법으로 유혹하기 때문이다. 특히 게임은 실패를 거듭하게 하다가 이용자가 짜증이 날 법할 때 승리를 맛보게 하는 꼼수를 쓴다. 소셜네트워크에서 탈출하기란 어렵다. 라크시미의 경우를 떠올려보라(3장). 많은 이용자에게 플랫폼은 유일하게 중요한 사회 무대다. 소셜네트워크 이용자도 심리적 추락을 겪는다. 그러나 가상세계에 오랫동안 집중적으로 의지해온 이용자는 천천히 무너지는 통에 좀체 이 함정에서 빠져나오지 못한다. 게임 중독자는 인생의 중요한 시기를 허비하고 만다. 학업에 소홀했거나 심지어 학교를 마치지 못해 좋은 직업을 찾을 길이 막힌다. 소셜네트워크에 매달리는 이용자는 장기적으로 정신적 탈진 또는 우울증 증세를 보인다. 디지털 세계의 함정에 빠진 사람을 구출하고 싶다면, 아날로그 현실의 대안을 찾게 해주는 것이 좋은 방법이다. 디지털 나르시시즘을 막을 가장 좋은 치료제는 현실로부터 도피하지 않도록 친절함을 베풀어 함께 머리를 맞대고 유망한 기회를 찾는 것이다. 디지털 중독에 마침표를 찍어주는 것은 흔히 전혀 예상하지 못한 사건이다. 사랑, 전적으로 현실인 사랑, 전적으로 아날로그인 사랑이야말로 디지털 함정에서 구출해줄 묘약이다.

7장
인간성을 방어하라: 건강한 자아를 위한 새로운 심리학

> "사회와 정치 규범을 정하는 일을 수학에 맡겨서는 안 된다.
> 수학은 규범의 인과관계와 상관관계의 체계성을
> 감지할 수 있게 해주기는 하지만, 왜 그런 것이 성립하는지
> 설득하지는 못하기 때문이다."
>
> _ 프랑크 쉬르마허*

디지털 시스템은 우리 세계의 한 부분이다. 이런 사실을 외면하는 것 역시 특히 심각한 현실감 상실이다. 로봇이 무시무시한 속도와 정밀도로 특유의 리듬감을 자랑하는 소음을 내며 제품을 생산하는 커다란 공장은 몇 년 전만 해도 두 눈을 의심하게 만드는 충격 그 자체였지만, 오늘날에는 표준이다. 이런 생산기지들은 디지털 시스템으로 조종되는 생산망과 공급망의 일부이다. 내가 고등학교를 졸업하고 슈투트가르트 다이믈러벤츠 공장의 컨베이어벨트 앞에서 첫 아르바이트를 하며 용돈을 벌

---

* Frank Schirrmacher(1959~2014), 독일의 저널리스트이자 에세이스트로 1994년부터 사망하기까지 독일의 유력 일간지 〈프랑크푸르트 알게마이네 차이퉁〉의 편집장이자 공동 발행인으로 활동했던 인물이다. 기자로서 전설로 회자할 정도로 독보적인 업적을 쌓아 그의 이름을 딴 상이 2015년부터 수여되고 있다.

었을 때만 해도 전형적인 풍경은 기름때 묻은 작업복을 입은 노동자들이 분주히 오가는 것이었다. 오늘날 이런 풍경은 보기 드문 예외일 따름이다. 2000년대 말에 신경과학 강연 초청을 받아 알고이의 어느 기업을 찾았을 때, 이른바 '산업 4.0'의 거대한 공장에서 나는 전혀 다른 풍경을 보았다. 공장 안에서는 남녀 직원들이 노트북을 들고 로봇과 소통했다. 오늘날 로봇이 처리하는 많은 작업은 인간이 손을 댈 수 없다. 특히 그 속도와 정밀도는 근접하게라도 따라잡을 수 없다. 이 공장의 디지털 시스템은 인간에게 도구로 쓰인다. 정말 환상적이다!

디지털 시스템은 전혀 다른 관점에서도 바라볼 필요가 있다. 이 마지막 장 원고를 쓰느라 나는 스위스 엥가딘의 작은 호텔에서 며칠간 묵었다. 가족이 경영하는 작은 호텔의 여성 사장은 아침 식사를 마친 뒤 노트북을 들고 방으로 돌아가려는 나에게 말을 걸어왔다. 무슨 책을 쓰는지 설명을 들은 뒤 그녀는 나에게 주방에서 허드렛일 하는 직원의 이야기를 들려주었다. 그 주방 보조는 학교를 마치기는 했지만 간단한 덧셈과 뺄셈조차 할 줄 모른다고 사장은 한숨부터 쉬었다. 식사를 몇 인분 준비해야 할지 계산을 못 하는 통에 주방이 늘 야단법석이라면서. 그 직원은 학교에서 늘 스마트폰을 써 버릇해서 계산할 줄 모른다고 하더란다. 사장은 두 손주가 학교에서 구구단도 배우지 않는다고 한탄했다. 평생 화 한 번 내지 않았을 것처럼 온화한 인상의 사장은 이 이야기를 하며 자기도 모르게 분통을 터뜨렸다. 그녀의 이야기를 듣고 있노라니 얼마 전 문화부 장관 회의(독일 각 주의 문화부 장관들이 참여하는 회의) 소속 상설학술위원회의 어떤 위원과 작은 입씨름을 벌였던 게 기억났다. 그는 다른 위원들과 입을 모아 유치원에 디지털 단말기를 도입해야 한다고 열변을 토했다. 그는 손글씨를 배우는 게 얼마나 중요한지 아느냐는 나의 말을 듣더니 무슨 '전설' 같은 이야기를 하느냐며 코웃음쳤다.

자의식의 상실과 회복

디지털 시스템의 찬성이냐 반대냐, 디지털 단말기를 도입할 것이냐 말 것이냐 하는 논쟁은 방향을 잘못 잡았다. 정작 중요한 유일한 물음은 시스템이 우리에게 봉사하느냐, 아니면 우리가 시스템에 지배당하느냐이다. 도구로 쓸 것인가, 도구로 전락할 것인가, 이것이 문제다. 디지털 상품이 우리의 능력을 좀먹는다면, 그래서 우리를 중독에 빠지게 해서 무력하게 만들어 조작하기 쉽게 만든다면, 뭔가 잘못돼도 단단히 잘못된 게 아닐까. 수공업자든 학자든, 최첨단 디지털 시대라 할지라도 손글씨로 메모를 할 수 없다거나, 간단한 계산조차 하지 못한다면 인간은 심각한 어려움에 빠진다. 그 밖에도 우리가 알아두어야 할 기본적인 지식은 하고많다. 이런 기본적인 지식을 갖추어야만 우리는 더 필요할 때 사전이든 자료든 찾아볼 수 있다. 태양에서 미립자가 매초 350킬로미터라는 무시무시한 속도로 방출되는 '태양풍'[234]이나 다른 원인으로 인터넷이 오랫동안 먹통이 된다고 해도 우리는 거뜬하게 이겨낼 수 있어야 하지 않을까? 이런 기본 능력 없이도 인생을 살아갈 특권은 아무래도 멋대로 교육제도를 주무르는 위원회 위원만 누리는 모양이다. 나는 우리 교육제도의 담당자들에게 디지털 산업의 로비에 제발 휘둘리지 말자고 간곡히 호소한다. 물론 만프레트 슈피처*처럼 엄격하자는 말은 아니다. 나의 소중한 동료인 슈피처는 벌써 오래전부터 디지털 단말기의 부작용을 경고해왔다. 그의 경고에 좀 과격한 측면이 없지는 않지만, 지금껏 그가 한 말이 틀렸다고 입증된 적은 없다. 그렇기에 앞서 언급한 상설학술위원회가 공개적으로 만프레트 슈피처를 공격하는 것을 보고 나는 어처구니가 없었다.

요 몇 년 전부터 오늘날에 이르기까지 첨단 디지털 기술이 발

---

* Manfred Spitzer(1958~), 독일의 신경학자이자 정신과 전문의이다. 디지털의 폐해를 경고하는 많은 책을 썼다. 국내에도 그의 저서가 여러 권 번역되었다.

전해온, 또 앞으로 발전해갈 방식은 갈수록 인류를 위협하는 모양새를 보여준다. 이런 위협은 어쨌거나 '디지털 추기경'의 입장에서는 지극히 환영할 만한 것이다. 그러나 디지털 신비주의의 대변자가 두려움을 조장한다 할지라도, 우리를 두렵게 만드는 것은 디지털 시스템이 아니다. 극히 소수의 사람이 디지털 시스템을 장악하고 있다는 사실이 진짜 근심스러운 측면이다. 이 소수가 독점한 디지털 시스템은 멀리서 봐도 민주적이지 않다. 그 밖에도 인공지능을 탑재한 제품이 인간이라는 종의 단점을 보강해줄 좋은 도구라는 논리 역시 근심스럽기만 하다.[235] 자의식을 회복하고 자존감을 다시 회복하기 위해서는 무엇보다도 디지털 상품이 우리를 끌어들인 수동적인 소비 행태로부터 빠져나와야 한다. 그리고 이 목표를 달성하기 위해 우리는 젊은이에게 더 많은 교육의 기회를 베풀고 진정한 실력을 갖추도록 장려해야 한다.

우리의 목표는 젊은이들을 IT 전문가, 프로그래머, 엔지니어로 육성하는 것이어야 한다. 우리는 유럽에 반도체 칩 생산설비를 지어, 패권정치를 일삼는 정권에 매달리는 종속성을 줄여야 한다. 아이들에게 너무 일찍 디지털 단말기를 손에 쥐여준다고 이 목표가 이뤄지지는 않는다. 오히려 아이들은 중독에 빠질 뿐이다. 왜 '실리콘밸리'의 업체 대표들이 자기 자녀에게 스마트폰 사용을 금지하는지 아는가? 어째서 그들은 수업에서 디지털 단말기를 쓰지 못하게 하는 학교(특히 '발도르프 학교'*)에 아이를 보낼까? 우리의 목표는 학교, 일터에서 인간성을 지켜내는 것, 계몽의 유산인 휴머니즘을 방어하는 것이어야만 한다. 이로써 지구의 천연자원을 아끼며 디지털 시대에 인간으로서 어떻게 살아가야 하는가 하는 물음의 답을 우리는 직접 찾아야 한다. 교육, 직장, 자원 보호, 휴머니즘 수호라는 네 가지 주제를 좀더 자세히 다루는 것으로 나는 이 책을 매듭짓고자 한다.

인간성 지키기 1. 교육

인간성을 키우고 지키는 일은 어렸을 때부터 시작해야 한다. 아동은 곁에서 지켜보며 관심을 쏟아주는 보호자를 가져야 한다. 보호자는 꼭 필요하며, 디지털 상품으로 대체될 수 없다. 아기가 나누어야 하는 공명은 그때그때 아이 몸 상태에 맞춰져야 하는 것이지, 거꾸로 아이가 디지털 상품에 맞출 수는 없다. 생

---

* Waldorfschule, 오스트리아 인지학자 루돌프 슈타이너(Rudolf Steiner)가 제창한 대안교육 운동이다. 1994년에 열린 세계 교육부 장관 회의에서 이 운동이 21세기의 교육 모델로 선정되었다. 이 학교는 현재 전 세계 각국에 도입되었다.

후 첫 두 해 동안 유아는 충분한 쌍방향, 수학의 이른바 '이원적 dyadic' 반사작용을 나누어야만 한다. 이렇게 할 때만 유아와 아동은 '주변이 자신을 아낀다는 점'을 느끼고 자아를 키울 수 있다. 생후 첫 두 해 동안 우리가 아이에게 키워줘야 하는 인간성은 세 살부터 다니는 위탁교육 시설에서 보육교사의 충분한 보살핌을 받아야 계속 발전한다. 그 이상적인 비율은 1 대 3이다(보육교사 대 아동). 이 비율은 베르텔스만재단*이 위촉해 소아과 의사, 교육학자, 아동 심리학자가 참여한 연구로 확인되었다. 그런데 영유아의 보육을 보는 사회의 관점은 갖은 오해와 왜곡으로 물들어 있다. 세 아이를 키우는 엄마가 아무런 지원을 받지 못하고 홀로 양육을 감당하는 게 얼마나 힘든 일인지는 누구나 안다. 그럼에도 어린이집에서 보육교사, 도우미가 혼자서 세 명보다 훨씬 더 많은 아동을 돌봐야 하는 현실을 눈여겨보고 문제의식을 느끼는 사람은 아무도 없다.

생후 3년째 접어들며 말을 배우기 시작하는 아동은 되도록 소규모 그룹으로 돌봐주어야 한다. 조금만 신경쓴다면 얼마든지 가능한 일이다. 그동안 유아의 두뇌는 충분히 발달해 간단한

---

* Bertelsmann Stiftung, 독일의 출판인 라인하르트 몬(Reinhard Mohn)이 설립한 공익사업 재단이다. 독일의 가장 큰 재단이며, 미래지향적 사회라는 사업 목표로 각종 연구 및 자선 사업을 벌인다.

암시와 지시를 알아듣는다. 3세에서 6세까지 아동은 한편으로 세상을 탐구하며, 다른 한편으로 좋은 사회성을 키울 규칙을 배우고 내면화한다. 기다리고 나누며 자신의 충동을 통제하는 법을 익히는 때가 이 시기이다.[236] 유아 교육을 위해 무슨 엄청난 대책이 필요한 것은 아니다. 그저 하루에 여러 차례 애정을 듬뿍 담아 친절하게 설명하고 눈을 마주 보는 것만으로도 아기는 방긋방긋 웃는다. 로봇이 이렇게 해줄 수 있을까? 이런 돌봄은 인간만이 할 수 있다. 아기는 친절하게 대해주면 얼마든지 잘 '이끌 수 있다'. 아기는 관심을 갈망하기 때문이다. 어른의 잘한다는 칭찬과 격려는 아기에게 더없이 좋은 자양분이다. 이 연령대의 아동은 또한 다양한 물질을 접해보고 자연에서 뛰어놀며 몸을 직접 쓰는 활동으로 세상을 탐색할 수 있어야 한다. 디지털 단말기는 일종의 탈脫 자연, 곧 물질로부터 멀어지고 몸을 쓰지 못하게 만드는 방해물로, 미취학 아동의 성장과 정면으로 충돌한다.

학교의 상황은 내가 지난 20년 동안 관심 있게 지켜보며 연구해온 주제이다.[237] 나는 신경과학의 최신 연구 성과를 탁월한 교육학자, 이를테면 존 해티*가 연구해온 학교 상황에 접목해가며 책을 쓰기도 했다. 좋은 교육의 핵심은 학생과 교사 사이의

---

* John Hattie(1950~), 뉴질랜드 교육학자이다. 2011년부터 호주 멜버른대학교 교육학 교수로 재직하고 있다.

관계이다. 교사가 기울이는 노력에 학생이 좋은 공명을 받을 때 이른바 '자기충족적 예언'의 힘이 발휘된다(물론 교사의 노력이 충분하지 않다면 이런 효과는 나타나지 않는다). 특히 아동과 청소년이 아직 잠재력을 충분히 발휘하지 못했을 때, 중요한 것은 교사가 격려로 가능성의 공간을 활짝 열어주는 일이다. 냉소와 무관심은 이 공간을 닫아버린다. 디지털 단말기는 중등 과정부터 보조도구로 쓰는 게 좋다. 어떤 경우든 아날로그로 곁을 지켜주는 교사는 그 어떤 것으로도 대체될 수 없다.[238]

인간성 지키기 2. 인간의 노동

좋은 사회관계와 취미활동 외에도 멋진 인생을 사는 중요한 자원, 적어도 잠재적으로 중요한 자원 가운데 하나는 노동이다. 노동이 행복한 인생에 기여할지, 아니면 인간을 피폐하게 만들지 하는 물음의 답은 몇 가지 전제조건을 살펴야 찾을 수 있다. 이 조건들을 다룬 책을 내가 얼마 전에 쓴 바 있다.[239] '산업 1.0'과 '산업 2.0'과는 반대로 '산업 3.0'과 '산업 4.0' 시대의 노동은 몸보다는 정신건강을 더 위협한다.[240] 일자리 탓에 걸리는 질병으로 오늘날 무엇보다도 심신상관 질환, 이른바 '번아웃 신드

롬'이라는 탈진 상태 또는 우울증을 꼽을 수 있다. 특히 우리가 관심을 가져야 하는 것은 컴퓨터로 작업해야 하는 사람들의 상황이다.

일이 행복감을 선사하지 못하는 세 가지 조건 가운데 첫번째는 실력의 평가 및 인정과 관련이 있다. 오늘날의 일터에서 특히 중요하게 살펴야 하는 요소는 고용주와 상사 그리고 이들이 부하직원을 부리는 스타일이다. 노동의학 연구는 작업량보다는 일을 하는 데 들이는 수고와 그 성과의 인정 사이에 빚어지는 균형이 어떤지(조화로운지 아니면 비틀렸는지) 주목해야 한다고 확인해준다. 이 균형 여부가 일하는 사람의 건강을 좌우하는 요소이다.[241] 일자리에서 건강을 지킬 두번째 전제조건은 동료와 얼마나 화목하게 지내는가이다. 동료애는 일을 하며 정신건강을 지킬 가장 중요한 요소다. 세번째는 직장인이 일을 하며 얼마나 보람을 느끼는지(자신이 만든 제품에 자긍심을 품을 수 있는지), 혹시 일을 하며 '소외감'을 느끼지는 않는지 하는 물음과 관련이 있다. 마음 내키지 않는 무엇인가를 한다는 것(또는 해야만 한다는 것), 일을 하며 아무 의미를 느끼지 못하는 것은 엄청난 중압감을 주며 건강을 해친다.

컴퓨터로 하는 일 또는 컴퓨터 자체와 관련된 일은 위에서 말한 세 가지 조건에 특히 더 주목해야 한다. 오늘날의 컴퓨터 환경은 상관과 동료로부터 당사자를 고립시키는 경향을 키운다. 조용한 가운데 방해받지 않고 일한다는 것이 나쁘지만은 않다. 하지만 동료 및 상관과 아날로그 만남을 가지고 적극적으로 문제를 풀어갈 기회가 최소한으로 줄어든다. 특히 '원격 근무'를 해야 하는 직장인, 곧 그 어딘가에서 외근을 해야 하는 직장인은 고립될 위험이 크다. 업무의 일부 또는 전체를 집으로 가져가는 이른바 '홈오피스', 곧 재택근무도 마찬가지다. 재택근무는 업무와 사생활 사이의 경계를 분명히 하기 어렵다. 바로 그래서 재택근무가 건강을 해칠 위험이 크다고 관련 연구는 확인했다.

한 걸음 더 나아가 늘 거듭 확인하는 중요한 문제는, 컴퓨터가 우리를 위해 일하는가, 아니면 우리가 컴퓨터를 위해 일하는가 하는 물음이다. 무엇보다도 인간에게 봉사하는 서비스 직군, 곧 의학, 환자 및 노인 요양, 교육 분야에서 우리는 이 물음에 유념해야 한다. 병원과 요양원에서 이뤄지는 일을 주의 깊게 기록해두는 작업은 꼭 필요하다. 다만 환자나 노인을 돌보는 일보다 기록에 매달리는 실태가 문제다. 먼저 신경써야 하는 일이 거꾸로 되었다고 할까. 관련 당사자가 분명하게 의식하지 못하는 가운데 기록이 주 업무가 되고, 환자나 노인과 보내는 시간은 부수적인 일이 되어서는 곤란하지 않을까. 환자나 노인이 잘 지내는 것보다 기록이 정확하고 공격받을 소지를 남기지 않아야 한다는 압박감이 그만큼 크다. 병원과 요양원에서는 직원 대다수가 컴퓨터를 쓰는 일에만 매달린다는 점을 쉽사리 관찰할 수 있다. 좋은 의술, 좋은 요양은 물론 많은 기술적·물질적 측면을 가진다. 이런 측면은 틀림없이 중요하다. 하지만 치유 효과를 일으키는 중요한 요소는 환자 또는 요양이 필요한 사람과 맺는 관계이다. 이는 잊어서는 결코 안 되는 사실이다. 병원과 요양원을 경영하는 사람은 직원이 환자 및 노인과 좋은 관계를 꾸릴 충분한 시간을 베풀어주어야 한다.

교육에서 스승과 제자의 관계는 앞서 이야기한 것으로 이미 충분히 설명되었다. 유치원과 학교에서도 함께 하는 놀이(유치원)와 수업이 아동과 청소년에 초점을 맞추지 않고 디지털 시스템이라는 금송아지를 중심으로 이뤄질 때 커다란 위험이 생겨난다. 디지털 단말기로 촉발된 탈 물질, 곧 실제 사물을 접할 기회가 줄어드는 경향은 아동과 청소년의 정서와 인지능력 발달을 가로막는다. 손으로 글씨, 단어, 숫자, 그림 등을 종이에 쓰거나 그릴 때 아이들은 뭔가 구체적인 것, 자신이 만든 작품으로 의미를 부여할 수 있는 것을 경험한다. 노트, 작은 앨범, 자기 작품을 정리한 이른바 '포트폴리오'는 아동과 청소년에게 구체적인 현실이다. 하지만 컴퓨터 폴더에 담아둔 문서나 그림이나 사진은 물질성을 전혀 가지지 않는 추상일 따름이다.

자연을 배우는 학과목도 마찬가지다. 공책 사이에 끼워둔 나뭇잎이나 씨앗, 자기 손으로 그린 식물 또는 동물 그림은 디지털 모사품은 보여줄 수 없는 현실 가치를 지닌다. 물리와 화학에서 학생이 직접 해보는 실험 역시 실험 시뮬레이션과는 비교할 수 없는 가치를 가진다. 마크 저커버그가 아예 신문 한 면을 통째로 사들인 메타버스의 광고는 〈호라이즌 월드〉가 앞으로 학교 수업의 공간으로도 활용될 수 있다고 장담한다. 이쯤 되면 디지털 교황들이 우리를 어디로 데려가려는지 그 목적지가 분명하게 보이지 않는가. 우리의 교육시설은 아이들을 자기 인생의 주인으로 키워내야 한다. 디지털 상품 소비라는 교육에 적대적인 변화를 우리는 모든 힘을 다해 막아야 한다.

인간성 지키기 3. 자연과의 관계

디지털 세계에서 인간성 지키기를 이야기할 때 인간과 자연의 관계는 최우선 주제 세 가지 중 하나다. 디지털 시뮬레이션을 이용해 자연을 보전할 방법을 찾는 대신, 데이비드 차머스를 비롯해 거의 모든 트랜스휴머니즘 신봉자는 오로지 자연을 시뮬레이션으로 대체하자는 주장만 늘어놓는다. 디지털 기술을 활용해 이미 상당히 진행된 자연 훼손과 대도시의 슬럼화를 막고 그 방향을 되돌리기보다는 트랜스휴머니즘 신봉자들은 현실 도피주의, 곧 아날로그 현실에 등을 돌리고 가상공간으로 도피하자고 주장한다.

진화의 자식인 인간은 생명력을 마음껏 발휘하기 위해 세 가지 관계가 필요하다. 인간 사이의 평등한 관계, 자기 몸과의 관계 그리고 자연과의 관계가 그것이다. 트랜스휴머니즘은 이 세 가지 관계 모두에 끊임없이 시비를 건다. 동시에 디지털 시스템을 장악한 기업은 이 세 관계를 주물러 어떻게든 상업화하려 혈안이다. 세 근본 관계 가운데 첫번째인 인간관계로 우리 삶은 시작한다. 오늘날 우리는 디지털 기업이 엿듣거나 훔쳐보는 걸 아는 속에서 인간관계를 꾸려가야 하는 상황에 내몰렸다. 방을 세준 집주인이 엿듣는 걸 눈치채고 역으로 주인을 속여 골탕을 먹였다는 옛날 농담만 해도 듣고 나면 슬그머니 부아가 치밀 정도인데 디지털 기업은 아예 대놓고 도청하고 훔쳐본다. 엿듣는 집주인이야 찾아가 항의라도 할 수 있었건만, 오늘날 디지털 기업이 전 세계적으로 벌이는 만행은 알면서도 넋놓고 당해야 한다. 디지털 기업은 엿듣는 집주인보다 훨씬 더 못된 짓을 저지른다. 묻지도 않고 다른 사람과 링크로 연결해 멋대로 관계를 이어대는 것이 그 만행이다. 어떤 뉴스를 읽고 무슨 반응을 어떻게 보여야 하는지 정하는 쪽도 디지털 기업이다. 그리고 더욱 심각하게도, 우리가 눈치채지 못하는 사이에 우리 생각을 쥐고 흔든다.

앞서 언급한 관계 가운데 두번째인 몸과의 관계는 그 자체로 자연의 일부이다. 트랜스휴머니즘은 우리 몸인 생체를 시뮬레이션으로 대체하겠다는 말도 안 되는 주장을 늘어놓는다. 생체를 수학의 계산값에 지나지 않는 시뮬레이션이 대체 어떻게 담아낼까. 소셜미디어, 온라인 게임, 메타버스와 같은 디지털 상품에서 몸은 거의 무시되다시피 한다. 몸은 오로지 의자에 앉아 있는 통에 이른바 '사이버 질병'을 키울 따름이다. 무엇보다도 아이들은 시력이 나빠지며, 비만해질 위험에 사로잡힌다.

근본 관계 가운데 세번째는 자연과의 관계이다. 인간이라는 종은 정착 생활을 시작하던 대략 1만 2000년 전에 자연의 온전한 일부였다. 정착과 더불어 벌어지기 시작한 인간과 자연의 틈새는 오늘날까지 계속 벌어져왔다.[242] 인간은 땅을 부려가며 자연을 이용하기만 했다. 자연 착취는 인간의 살림살이가 풍족해지는 것을 의미했으며, 마침내 붕괴하기 시작한 자연은 인간이 세운 거대한 제국의 몰락을 뜻한다.[243] 자연의 순전한 현재(아날로그 현실)가 인간에게 얼마나 대단한 의미가 있는지[244]는 대도시에 사는 사람이 정신질환에 시달릴 높은 위험에 노출된다는 점이 잘 보여준다.[245] 반대로 자연 속에서 누리는 휴식은 스트레스나 정신질환에 시달린 사람에게 커다란 치유 효과, 특히 항우울 효과를 베푼다. 실재하는 자연은 인간의 건강에 없어서는 안 될 보약이다. 자연의 디지털 시뮬레이션조차 이런 치유 효과를 선물한다. 하지만 시뮬레이션 속에서 우리는 두 발로 산책할 수 없으며, 풀밭이나 숲의 나무 그루터기에 누워 눈이 시리도록 푸른 하늘을 올려다볼 수도 없다. 나무도 꽃도 손으로 만지고 그 향기에 취해볼 수 없다.

진화와 인간

왜 이 세계만 존재할 뿐 다른 세상은 없는가 하는 물음을 두고 인류는 오래전부터 골머리를 앓아왔다. 성경이 이 물음에 주는 답인 창조 설화는 진화가 무수히 많은 명확한 증거로 뒤집힐 수 없는 이론임이 입증된 뒤부터 설득력을 잃었다. 자연과학 전체와 마찬가지로, 진화론은 계몽의 자식이다. 트랜스휴머니즘 그리고 현재 그 가장 유명한 대변인인 데이비드 차머스는 세계를 보는 새로운 관점을 '발견'이라 추켜세운다. 세계, 곧 지구와 우리 자신은 저 어디 높은 곳에 존재하는 시뮬레이터가 연출해낸 디지털 시뮬레이션이라고 주장한다.

입증할 수도, 논박할 수도 없는 세계관은 계몽 이전으로의 퇴행을 의미한다. 바로 그래서 나는 트랜스휴머니즘을 디지털 신비주의, 사이비 철학 내지는 사이비 과학에 기초한 사업 모델이라고 볼 수밖에 없다.

지구에서 최초로 생명이 나타난 때는 30억 년 전이다. 몸을 가진 다세포 생물은 이른바 '캄브리아기 대폭발'* 이후 존재해 왔다. 이 개념은 5억 년도 훌쩍 넘기는 시점, 진화론상 상대적으로 짧은 기간인 수백만 년 동안 생명체의 기본 설계가 이뤄진 것을 나타낸다. 오늘날 존재하는 모든 동물은 이 설계도에 따른 몸을 가졌다.[246] 캄브리아기 대폭발 이후 지구는 다섯 번에 걸쳐 모든 생명체가 멸종하는 위기로 몸살을 앓았다. 이 다섯 번의 대형 재해 가운데 마지막 것은 6500만 년 전 거대한 유성이 오늘날의 멕시코만 지역을 강타하면서 공룡이 몰사한 사건이다. 위대한 진화론자 찰스 다윈은 공룡이 포유류와의 영웅적인 싸움을 벌여 멸종했다고 믿었다. 우리에게 중대한 깨달음을 선사한 위대한 정신의 소유자들 역시 몇몇 세부적인 점에서는 혼란을 겪었다. 공룡이 멸종한 지 이미 6000만 년이라는 세월이 흘렀다. 순전히 통계적으로 본다면 새로운 대형 재해는 얼마든

---

* 약 5억 4000만 년 전에 발생한 지질학적 폭발을 일컫는 말이다. 이때부터 다양한 동물 화석이 나타나, 학자들은 이 사건이 생명체 진화의 변곡점일 것으로 본다.

지 일어날 수 있다. 이 경우 화성으로 삶의 터전을 옮긴다 할지라도 우리는 살아남을 수 없다. 우리 인류는 지구를 보호하고 구출하기 위해 힘을 모아야 한다. 일론 머스크 부류의 나르시시스트 공상에 빠져 시간을 허송해서는 안 된다.

생명이 발생한 지구 역사의 초기 단계, 그런 다음 다섯 번에 걸친 심각한 재해를 겪으면서도 생명이 위기를 이겨내고 자생력을 회복한 다섯 단계를 보면 생물의 창의력은 정말 대단하다는 감탄이 절로 나온다. 오로지 유전자에서 우연하게 일어나는 작은 변화가 진화를 새롭게 이끌어왔다는 찰스 다윈의 가설은 현대 유전학의 관점에서 볼 때 더는 지탱될 수 없다. 생물이 가진 자기 변화의 이런 선천적인 잠재력을 유전학은 '천연 유전공학Natural genetic engineering'이라 부른다.[247] 생물이 자발적으로 그 물질 구조를 변화시키는 능력이 바로 기계와 컴퓨터, 또 인공지능과의 차이점이다. 새로운 종으로 거듭나는 생물의 자기 변화 능력은 무엇보다도 유전자의 '복제'와 '전위'로 생겨난다. 복제는 유전자 사슬이 스스로 자신을 복사하는 것이고, 전위는 커다란 유전자 사슬이 유전형질의 내부에서 다른 곳으로 그 위치를 바꾸는 것이다.[248]

생물 전체가 보여주는 이 엄청난 창의력은 예나 지금이나 각각의 생물이 품은 자기 변화 능력뿐만 아니라 생물들이 다양한 형태로 벌이는 협력 덕분에 가능하다. 모든 동물이 공통으로 가지는 유형의 세포가 만들어지는 과정만 보아도 이런 협력이 잘 드러난다.[249] 이 유형의 세포 덕분에 우리는 생명을 누린다. 생물이 서로 협력하는 이 놀라운 현상을 생물학은 '생물내공생 Endosymbiosis'이라고 부른다. 심해에서 시작된 진화의 초기 단계에는 단세포 생물의 세 가지 그룹, 곧 고세균古細菌과 산소를 만들어내는 박테리아 그리고 산소를 소비하는 박테리가 출현했다. 대기권과 이 세포들이 사는 바다에 산소 농도가 높아지면 고세균은 생명에 위협을 받는다. 고세균에게 산소는 독이기 때문이다. 그래서 고세균 세포는 산소를 소비하는 박테리아를 계속해서 섭취한다(박테리아가 산소 농도를 낮추도록). 고세균이 산소를 소비하는 박테리아를 받아들이면서 오늘날의 '진핵세포', 곧 모든 동물의 기초 세포가 탄생했다.[250] 이처럼 생물이 서로 협력하는 사례는 거의 끝도 없이 꼽을 수 있다.

번식하는 생명체가 한정된 자원으로 어려움에 직면할 때마다 생물의 창의력은 약점을 극복해가며 환경에 가장 잘 적응하는 선택에 집중해왔다.[251] 전기에서 회고한 바에 따르면, 찰스 다윈은 진화론의 근본 명제를 발표하기 얼마 전에 영국 경제학자 토머스 맬서스가 쓴 책을 읽었다고 한다.[252] 당시 잉글랜드는 초기 산업혁명을 겪느라 일대 혼란을 감당했다. 도시는 무작정 넘어오며 일자리를 찾으려는 사람들로 넘쳐났다. 이로 말미암은 빈곤과 갖은 문제로 사회는 몸살을 앓았다. 토머스 맬서스는 자신의 책에서 빈민 문제를 사회적 지원으로는 절대로 해결할 수 없으며, 가난은 당사자의 사회 적응력 부족 탓에 빚어진다고 주장했다. 사회가 빈민 문제로 부담을 받아서는 안 된다면서. 토머스 맬서스에게서 영향을 받은 다윈은 적자생존을 진화의 원리로 전면에 내세웠다. 당시 다윈은 생물계의 창의력과 협동에 대해 전혀 몰랐다. 아니, 알 수가 없었다. 협력이라는 원리를 강조하는 책은 1902년에야 비로소 러시아 철학자 표트르 크로포트킨*이 발표했다.253 이 책을 읽었다 할지라도 다윈은 생존경쟁을 협력보다 우선시했으리라.

다윈의 진화론은 그레고어 멘델의 유전 이론과 더불어 현대 생물학이 눈을 뜨게 해준 위대한 이론이다. 20세기 초에 두 이론이 결합하면서 인종주의로 돌변한 것은 참으로 안타깝고 불행한 일이다. 1905년 독일에서는 인종 위생학회가 설립되었다. 당시 대다수 학자는 앞다투어 이 학회에 이름을 올렸다. 1905년에서 1933년 사이에 인종 문제를 다룬 숱한 책이 베스트셀러의 자리에 올랐다. 그 가운데 1920년에 출간된『살 가치가 없는

---

* Pyotr Kropotkin(1842~1921), 러시아의 지리학자이자 무정부주의자로 무정부 공산주의를 적극 주장했던 인물이다.

생명의 파괴에 관하여』는 프라이부르크의 두 교수 알프레트 호헤와 카를 빈딩이 쓴 것으로 나치즘 이데올로기의 발판을 마련했다.* 당시 독일 국민의 뇌리에는 두 가지 결정적 착각이 뿌리를 내렸다. 그 하나는 인간의 행동과 건강이 그레고어 멘델의 완두콩 색깔처럼 유전적으로 이미 정해져 있다는 착각이다. 당시 사람들은 유전자가 스스로 통제하고 조절하는 능력을 가졌다는 점과 유전자 염기서열의 변화 없이도 새로운 특성이 발현되어 유전된다는 후성유전학을 전혀 알 수 없었다. 두번째 착각은 이른바 '생존 투쟁'이 인간의 모든 행동을 규정하는 근본 동기라 본 관점이다. 인간의 행동이 '공격 본능'에 좌우된다는 가설은 지그문트 프로이트와 콘라트 로렌츠가 그 뿌리다.[254]

찰스 다윈은 '공격 본능'이라고는 알지 못했다. 물론 그는 공격성이 인간 행동의 중요한 요소라는 점을 익히 알았다. 그러나 인간이 품은 모든 동기 가운데 가장 강력한 것은, 다윈 자신이 밝혔듯 "사회적 본능", 곧 다른 사람들과 잘 어울려 지내고자 하는 갈망이다. 오늘날 신경과학은 다윈이 옳았음을 인정한다. 물론 인간은 공격적이다. 그것도 필요 이상으로 공격적이다. 하지

---

* 알프레트 호헤(Alfred Hoche, 1865~1943)는 독일의 정신과 의사이자 신경생리학자이다. 카를 빈딩(Karl Binding, 1841~1920)은 독일의 법학자로 형법 전문가이다. 본문에 언급된 책은 나치가 환자를 살해할 기초를 마련해주었다는 평을 듣는다.

만 평균적인 정신건강을 가진 사람에게 공격성은 일차적인 본능이 아니다. 아무 도발도 받지 않았음에도 불쑥 주먹부터 휘두르지는 않는 것이다. 일견 아무 이유 없이 휘둘러지는 폭력, 사이코패스 질환을 앓는 사람이 저지르는 그런 폭력은 나름대로 그에 합당한 원인을 갖는다.[255] 수십 년에 걸쳐 심리학과 신경학의 연구가 밝혀냈듯, 인간이 가지는 본능적 욕구 가운데 가장 우선시되는 것은 사회적 결속, 사회적 인정, 자신을 마음껏 표현할 자유와 창의성을 인정받고자 하는 갈망 등이다. 사회적으로 따돌림을 당하거나, 자유 또는 창의성이 제한받을 때 인간은 자신도 모르는 사이에 공격성을 분출한다. 공격이 가능하지 않을 경우에는 우울증에 사로잡힌다.

대부분 식물은 비옥한 토양, 충분한 햇빛과 수분 속에서 잘 자란다. 물론 식물은 환경에 적응해가며 이런 능력을 키웠다. 다시 말해서 식물은 진화 덕에 주변과 어울려가며 자태를 뽐낸다. 이는 곧 비옥한 토양과 충분한 햇빛과 습기가 식물이 번성하는 최적의 조건임을 뜻한다. 이런 이치를 염두에 둔다면 인간의 건강을 지켜주고 삶의 만족도를 높여주며 기대수명을 높이는 환경 조건은 우리 인간이 어떻게 살아야 마땅한지 알려주는 가르침이기도 하다. 실제로 아날로그 현실에서 경험하는 인간끼리의 맺어짐, 곧 사회적 결속은 건강과 행복한 인생과 장수를 보장해주는 요소다.[256] 더 나아가 다른 사람에게 사회적 지원을 받기만 할 뿐 아니라 지원을 베푸는 것(자발적으로 베푸는 지원)이야말로 건강을 지켜주는 유전자의 활동을 활발하게 하는 결정적인 조건이다.[257] 소셜네트워크로 이뤄지는 디지털 결속은 정반대의 데이터를 보여준다. 아날로그 식물, 곧 실재하는 식물이 시뮬레이션된 토양과 햇빛으로 자랄 수 없듯, 현실의 인간은 시뮬레이션 또는 가상의 세계 안에서 성장할 수 없다.

감사의 말

탁월한 편집으로 책을 다듬어준 모리츠 폴크에게 충심에서 우러나는 감사를 전한다. 프란치스카 귄터와 카렌 그라프는 이 책을 기획하고 출간하기까지 모든 과정을 세심하게 돌봐주었다. 이 자리를 빌려 고마움을 표한다. 원고를 꼼꼼이 읽어가며 소중한 충고를 베푼 알렉산드라 외르헬, 엘라이자 본오르덴, 펠릭스 드로스테, 인터넷 아이디가 'McLP'인 익명의 활동가, 요나탄 베버, 리에케 호이바흐, 라인하르트 귄츨러, 클라우스 린슈테트에게 머리 숙여 감사한다. 특히 나의 사랑하는 아내이자 요가 트레이너 헤트비히 바우어에게 고맙다는 말을 전한다.

참고문헌

Aguilera, M. et al., Early Adversity and 5-HTT/BDNF Genes: New Evidence of Gene-Environment Interactions on Depressive Symptoms in a General Population. Psychological Medicine 39: 1425 (2009)

Asch, S., Studies of Independence and Conformity: A Minority of One Against a Unanimous Majority. Psychological Monographs: General and Applied, 70: 1 https://doi.org/10.1037/h0093718 (1956)

Banakou, D. et al., Virtual Body Ownership and Its Consequences for Implicit Racial Bias Are Dependent on Social Context. The Royal Society Open Science 7: 201848 (2020)

Barsalou, L.W., Challenges and Opportunities for Grounding Cognition. Journal of Cognition 3:31 (2020)

Bauer, J., Prinzip Menschlichkeit: Warum wir von Natur aus kooperieren. Heyne TB (2008)

Bauer, J., Das kooperative Gen. Evolution als kreativer Prozess. Heyne TB (2010)

Bauer, J., Das Gedächtnis des Körpers. Wie Beziehungen und Lebensstile unsere Gene steuern. Piper TB (2013)

Bauer, J., Arbeit – Warum sie uns glücklich oder krank macht. Heyne TB (2013)

Bauer, J., Schmerzgrenze: Vom Ursprung alltäglicher und globaler Gewalt. Heyne TB (2013)

Bauer, J., Warum ich fühle, was du fuhlst. Intuitive Kommunikation und das Geheimnis der Spiegelneurone. Überarbeitete Ausgabe. Heyne TB (2016). Ersterscheinungsdatum des Hardcovers war 2005 bei Hoffmann und Campe.

Bauer, J., Das empathische Gen. Humanität, das Gute und die Bestimmung des Menschen. Herder Verlag (2021)

Bauer, J., Wie wir werden, wer wir sind. Die Entstehung des menschlichen Selbst durch Resonanz. Heyne TB (2022)

Bauer, J., Fühlen, was die Welt fuhlt: Die Bedeutung der Empathie für das Überleben von Menschheit und Natur. Heyne TB (2023)

Bauer, J. et al., Murine Interleukin-1 Stimulates Alpha2-Macroglobulin. FEBS Letters 190 :271 (1985)

Bauer, J. et al., Regulation of Interleukin-6 Expression in Cultured Human Blood Monocytes and Monocyte-Derived Macrophages. Blood 72:1134 (1988)

Bauer, J. et al., Regulation of Interleukin-6 Receptor Expression in Human Monocytes and Monocyte-Derived Macrophages: Comparison with the Expression in Human Hepatocytes. The Journal of Experimental Medicine 170: 1537 (1989)

Bauer, J. et al., Interleukin-6 and Alpha2-Macroglobulin Indicate an Acute Phase State in Alzheimer's Disease Cortices. FEBS Letters 285: 111 (1991)

Bauer, J. et al., In-Vitro Matured Human Macrophages Express Alzheimer's BetaA4-Amyloid Precursor Protein Indicating Synthesis in Microglial Cells. FEBS Letters 282:335 (1991)

Bauer, J. et al., Human Hepatocytes Respond to Inflammatory Mediators and Excrete Bile. Hepatology 13:1131 (1991)

Bauer, J. et al., Effects of Interleukin-1 and Interleukin-6 on Metallothionein and Amyloid Precursor Protein Expression in Human

Neuroblastoma Cells. Journal of Neuroimmunology 45:163 (1993)

Bauer, J. et al., Induction of Cytokine Synthesis and Fever Suppresses REM Sleep and Improves Mood in Patients with Major Depression. Biological Psychiatry 38: 611 (1995).

Bauer, J. et al., Correlation between Burnout Syndrome and Psychological and Psychosomatic Symptoms among Teachers. International Archives of Occupational and Environmental Health 79: 199 (2006)

Bauer, J. et al., Working conditions, Adverse Events and Mental Health Problems in A Sample of 949 German Teachers. International Archives of Occupational and Environmental Health 80: 442 (2007)

Bauer, J., Beziehungen gestalten – Konflikte entschärfen. Coaching für Lehrergruppen. Ein Manual. Psychologie Heute compact: 90-95 (2007)

Bauer, J. und Benz, M., Neurobiology Meets Archaeology: The Social Challenges of the Neolithic Process. Neo-Lithics 2/13 (2013)

Beard, C.L. et al., Age of Initiation and Internet Gaming Disorder: The Role of Self-Esteem. Cyberpsychology, Behaviour, and Social Networking. DOI 10.1089/cyber.2017.0011 (2017)

Bender, E.M. and Gebru, T. et al., On the Dangers of Stochastic Parrots: Can Language Models Be Too Big? Proceedings of the 2021 ACM Conference on Fairness, Accountability, and Transparency. DOI:10.1145/3442188.3445922 (2021)

Benz, M. und Bauer, J., Aligning People: The Social Impact of Early Neolithic Medialities. Neo-Lithics 21:7 (2021).

Bostrom, N., Are You Living in a Computer Simulation? Philosophical Quarterly 53: 243 (2003)

Bostrom, N., A History of Transhumanist Thought. Journal of Evolution and Technology 14: 1 (2005)

Bostrom, N., Superintelligenz. Szenarien einer kommenden Revolution. Suhrkamp Verlag Berlin (2016). Die englische Originalausgabe erschien 2013 bei Oxford University Press.

Braeunig, M. et al., Factors Influencing Mental Health Improvements in School Teachers. PLOS ONE 13:e0206412.doi: 10.1371/journal. pone.0206412 (2018)

Bratman, G.N. et al., Nature Experience Reduces Rumination and Subgenual Prefrontal Cortex Activation. PNAS 112: 8567 (2015)

Breit, M. et al., Students' intelligence test results after six and sixteen months of irregular schooling due to the COVID-19 pandemic. PLOS ONE doi.org/10.1371/journal. pone.0281779 (2023)

Bühring, P., Einsamkeit und soziale Isolation. *Deutsches Ärzteblatt* 119: A1184 (2022)

Chalmers, David J., Reality+. Virtual Worlds and the Problems of Philosophy. Penguin Randomhouse (2022). Hinweis: Alle Referenzen und Zitate beziehen sich auf die englische Originalausgabe. Die im Juni 2023 erschienene de utsche Ausgabe dieses Buches lag, als dieses Buch geschrieben wurde, noch nicht vor.

Drechsler, R., Wenn nur noch Algorithmen prufen, ob wirklich alles richtig ist. *FAZ* 17. Oktober (2022)

Edershile, E.A. und Wright, A.G.C., Narcicissm Dynamics. Social and Personality Psychology Compass doi:10.1177/1088868316685018 (2021)

Eichenberg, C. et al., Exploration und Berucksichtigung von Medienproblemen in der Psychotherapie von Erwachsenen. Zeitschrift fur Psychosomatische Medizin und Psychotherapie 68: 24 (2022)

Facebook Files (2021), nach einem Bericht der *taz* vom 28.10.2021

Fazwi, A. et al., Discovering Faster Matrix Multiplication Algorithms with Reinforcement Learning. Nature 610: 47 (2022)

Glanz, O. et al., Real-Life Speech Production and Perception. Scientific

Reports DOI 10.1038/s41598-018-26801 (2018)

Goerttler, T. und Siebeck, A., Der Mensch als Vorbild maschinellen Lernens. In: Hackel, A. und Schöppner, R. (Hrsg.): Automat und Autonomie. Alibri Verlag (2022)

Gorisse, G. et al., Self-Observation of a Virtual Body-Double Engaged in Social Interaction Reduces Persecutory Thoughts. Scientific Reports 11: 23923 (2021)

Gray, C. et al., Oscillatory Responses in Cat Visual Cortex Exhibit Intercolumnar Synchronization which Reflects Global Stimulus Properties. Nature 338: 334–337 (1989)

Grunwald, A., Technologie als Mythos. In: Hackel, A. und Schoppner, R. (Hrsg.): Automat und Autonomie. Alibri Verlag (2022)

Günzler, R., *Kommen Rührgerate in den Himmel?* (Film 2016)

Habermas, J., Ein neuer Strukturwandel der Öffentlichkeit und die deliberative Politik. Suhrkamp Verlag (2022)

Habermas, J., Reflections and Hypotheses on a Further Structural Transformation of the Political Public Sphere. Theory, Cuture & Society 39: 145 (2022)

Hackel, A. und Schöppner, R., Automat und Autonomie. Zum Verhältnis von Mensch, Technologie und Gesellschaft. Alibri Verlag (2022)

Halan, S. et al., A Virtual Reality Embodiement Technique to Enhance Helping Behavior of Police Towards a Victim of Police Racial Aggression. Presence 28: 1 (2021)

Han, Byung-Chul: Undinge. Umbrüche der Lebenswelt. Ullstein, Berlin (2021)

Harari, Y. N., Homo Deus. Eine Geschichte von Morgen. C.H.Beck Verlag München (2017). Die israelische Originalausgabe erschien 2015.

Heil, C., Verkauft über Instagram und Snapchat. *FAZ* vom 19 (12. 2022)

Heval, C.C., Deconstructing the Transhumanistic Narrative. Master

Thesis. Wirtschafts-Universität Wien (2022)

Hill, R.K., What an Algorithm Is. Philosophy & Technology 29:35 (2015)

Holt-Lunstad, J. et al: Social Relationships and Mortality Risk: A Meta-Analytic Review. PLoS Med 27: e1000316 (2010)

Hulquist, J. et al., Resource-Strengthening Training for Parents of Adolescents with Problematic Gaming. International Journal of Environmental Research and Public Health19: 9495 (2022)

Irrgang, B., On the Consciousness of Robots. International Journal of Applied Research on Informations Technology and Computing 5: 142 (2014)

Irrgang, B., Merleau-Ponty's Concept of the Unconscious in Perception and the Attempt to Model Cognitive Information Processing in Cognitive Science and Artificial Intelligence. Journal of Philosophical Studies. 41: 195 (2022)

Jenkins, A. C. und Mitchell, J.P., Medial Prefrontal Cortex Subserves Diverse Forms of Self-Reflection. Social Neuroscience 6: 211 (2010)

Jin, M.J. et al., Influence of Childhood Trauma and Brain-Derived Neurotrophic Factor Val66Met Polymorphism on Posttraumatic Stress Symptoms and Cortical Thickness. Scientific Reports 9: 6028 (2019)

Kahnemann, D., Schnelles Denken, langsames Denken. Siedler (2012)

Kanazawa, H. et al., Open-Ended Movements Structure Sensorimotor Information in the Early Human Development. PNAS DOI 10.1073/pnas.2209953120 (2022)

Kant, Immanuel: Was ist Aufklärung. Berlinische Monatsschrift. Dezember-Heft (1784). Im Netz nachzulesen unter https://www.projekt-gutenberg.org/kant/aufklae/aufkl001.html

Keefe, P.R., Imperium der Schmerzen. Wie eine Familiendynastie die weltweite Opioid-Krise auslöste. Hanserblau (2022)

Koch, C. et al., Neural Correlates of Consciousness. Progress and

Problems. Nature Review Neuroscience 17:307 (2016)

Koch, C., Bewusstsein – Warum es weit verbreitet ist, aber nicht digitalisiert werden kann. Springer Verlag (2021). Die englische Originalausgabe erschien (2019)

Kocher, R., Wie gespalten ist Deutschland. FAZ vom 27 (Juli 2022)

Kouider, S. et al., A Neural Marker of Perceptual Consciousness in Infants. Science 340: 376 (2013)

Krizan, Z. und Herlache, A.D., The Narcicissm Spectrum Model: A Synthetic View of Narcissistic Personality. doi:10.1177/1088868316685018 (2017)

Kropotkin, P., Gegenseitige Hilfe in der Tier- und Menschenwelt (1902)

Kuhl, P.K. et al., Infants' Brain Responses to Speech. PNAS 111: 11238 (2014)

Kurzweil, R., Menschheit 2.0 – Die Singuläritat naht. Lola Books Berlin (2014). Orig. Viking Press (2005)

Lacey, C. et al., Self-Guided Virtual Reality for Specific Phobias. Australian & New Zealand Journal of Psychiatry. DOI: 10.1177/00048674221110779 (2022)

Lagercrantz, H., Changeux, J.P., The Emergence of Human Consciousness: From Fetal to Neonatal Life. Pediatric Research 65: 255 (2009)

Lang, B., Himmel, Holle, Paradies. Jenseitswelten von der Antike bis heute. C.H. Beck (2019)

Lange, A., Von künstlicher Biologie zu künstlicher Intelligenz – und dann? Springer Verlag (2021)

Lanier, Jaron: Zehn Grunde, warum Du Deine Social Media Accounts sofort loschen musst. Hoffmann und Campe (2018)

Lederbogen et al., City Living and Urban Upbringing Affect Neural Social Stress Processing in Humans. Nature 474: 498–501 (2011)

Lenzen, M., Der elektronische Spiegel. *Sinn und Form* Heft 5 (2019)

Lenzen, M., Das Problem der Blackbox. *P.M.* Heft 8 (2022)

Luby, J.L. et al., Maternal Support in Early Childhood Predicts Larger Hippocampal Volumes at School Age. PNAS 109: 2854 (2012)

Ma, Y. et al., Sociocultural Patterning of Neural Activity during Self-Reflection. Social Cognitive and Affective Neuroscience 9: 73 (2014)

Marks, S., Warum folgten sie Hitler? – Die Psychologie des Nationalsozialismus. Patmos (2007)

Marselle, M.R. et al., Urban Street Tree Biodiversity and Antidepressant Prescriptions. Nature Scientific Reports 10: 22445 (2020)

Mathus, T.R., An Essay on the Principle of Population. J. Johnson, London (1798)

Mayr, E., Die Biologie ist keine zweite Physik. *Die Welt* vom 3. Juli 2004

Mitchell, J. et al., The Link Between Social Cognition and Self-Referential Thought in the Medial Prefrontal Cortex. Journal of Cognitive Neuroscience 17: 1306 (2005)

Mittelstadt, B.D. et al., The Ethics of Algorithms: Mapping the Debate. Big Data & Society. DOI 10.1177/2053951716679679 (2016)

More, M., The Philosophy of Transhumanism. In: More, M. und Vita-More, N. (Hrsg.). The Transhumanist Reader. John Wiley and Sons (2013)

Muenchhausen, S. von et al., Teacher Self-Efficacy and Mental Health – Their Intricate Relation to Professional Resources and Attitudes in an Established Manual-Based Psychological Group Program. Frontiers in Psychiatry, 12. https://doi.org/10.3389/fpsyt.2021.510183 (2021)

Neu, C. et al., Extrem Einsam. www.progressives-zentrum.org/project/kollekt (Februar 2023)

Nezik, A.-K., "Ich denke schon, antwortet der Rechner." *Die Zeit* vom 12. Januar 2023

Nummenmaa, L. et al., Bodily Maps of Emotions. PNAS 111: 646-651

(2013)

Paschke, K. et al., Medienbezogene Störungen im Kindes und Jugendalter. Zeitschrift für Kinder- und Jugendpsychiatrie und Psychotherapie 48: 303 (2020)

Paschke, K. et al: Adolescent Gaming and Social Media Usage before and during the COVID-19 Pandemic. Sucht 57: 13 (2021)

Paschke, K. et al., International Classification of Diseases-11-Based External Assessment of Social Use Disorder in Adolescents. Cyberpsychology, Behavior, and Social Networking. DOI: 10.1089/cyber.2022.0020 (2022)

Popper, K., Logik der Forschung, 11. Auflage, Mohr Siebeck (2005)

Rauschert, C. et al., Konsum psychoaktiver Substanzen in Deutschland. Deutsches Ärzteblatt 119: 527 (2022)

Ravens-Sieberer, U. et al: Seelische Gesundheit und Gesundheitsverhalten von Kindern und Eltern während der COVID-19-Pandemie. *Deutsches Arzteblatt* 119: 436 (2022)

Renner, M.J. und Rosenzweig, M.R., Enriched and Impoverished Environments. Springer Heidelberg (1987)

Rosa, H., Social Media Filters and Resonances: Democracy and the Contemporary Public Sphere. Theory, Culture & Society 39: 17 (2022)

Rose, U. et al., Intention as an Indicator for Subjective Need: A New Pathway in Need Assessment. Journal of Occupational Medicine and Toxicology 5:20 (2010)

Rumpf, H.-J. et al., Empfehlungen der Expertengruppe zur Pravention von internetbezogenen Störungen. Sucht 63: 217 (2017)

Schino, S. et al., Takotsubo Syndrome: The Secret Crosstalk between Heart and Brain. Reviews in Cardiovascular Medicine. https://doi.org/10.31083/j.rcm2401019 (2023)

Schokkenbroek, J.M. und Koll., Phubbed and Curious. Computers in

Human Behavior 137: 107425 (2022)

Seinfeld, S. et al., Offenders Become the Victim in Virtual Reality. Scientific Reports 8:2692 (2018)

Shapiro, J. A., Evolution: A View from the 21st Century. FT Press (2011, updated Second Edition 2022)

Sharma, A. et al., Human-AI Collaboration Enables More Empathic Conversations in Txt-Based Peer-to-Peer Mental Health Support. Nature Machine Intelligence. DOI. org/10.1038/s42256-022-00593-2 (2022)

Singer, W., Time as Coding Space? Current Opinion in Neurobiology 9: 189 (1999)

Singer, W., A Naturalistic Approach to the Hard Problem of Consciousness. Frontiers in Systems Neuroscience DOI 10.3389/fnsys.2019.00058 (2019)

Sioni, S.R. et al., Internet Gaming Disorder. Social Phobia and Identifying with Your Virtual Self. Computers in Human Behavior 71:11 (2017)

Slater, M. et al., The Ethics of Realism in Virtual and Augmented Reality. Frontiers in Virtual Reality. DOI: 10.3389/frvir.2020.00001 (2020)

Somerville, L.H. et al., Self-Esteem Modulates Medial Prefrontal Cortical Responses to Evaluative Social Feedback. Cerebral Cortex 20: 3005 (2010)

Spiekermann, S., Zum Unterschied zwischen kunstlicher und menschlicher Intelligenz und den ethischen Implikationen der Verwechslung. Philosophisches Handbuch Kunstliche Intelligenz. Springer Verlag (2022)

Spitzer, M., Digital, automatisch – unbehaglich, gefährlich. Nervenheilkunde 40: 588 (2021)

Spitzer, M., Zehn Jahre Digitale Demenz. Nervenheilkunde 41:733

(2022a)

Spitzer, M., Digitalisierung in Kindergarten und Grundschule schadet der Entwicklung, Gesundheit und Bildung von Kindern. Nervenheilkunde 41: 797 (2022b)

Stavropoulos, V. et al., Being There: A Preleminary Study Examining the Role of Presence in Internet Gaming Disorder. International Journal of Mental Health and Addiction 17: 880 (2019)

Stephens, G.J. et al., Speaker-Listener Neural Coupling Underlies Successful Communication. PNAS 107: 14425 (2010)

Stephenson, N., Snow Crash. Goldmann (2002). Dieser legendare US-amerikanische Science-Fiction-Roman erschien erstmals (1992).

Szolin, K. et al., Gaming Disorder: A Systematic Review Exploring the User-Avatar Relationship in Videogames. Computers in Human Behavior 128: 107124 (2022)

Thomas, T. T. und Koll., Phubbing in Romantic Relationships and Retaliation. Computers in Human Behavior 137: 107398 (2022)

Tost, H. et al., Environmental Influence in the Brain, Human Welfare and Mental Health. Nature Neuroscience 18(10): 1421. doi:10.1038/nn.4108 (2015)

Tost, H. et al., Neural Correlates of Individual Differences in Affective Benefit of Real-Life Urban Green Space Exposure. Nature Neuroscience doi.org/10.1038/s41593-019-0451-y (2019)

Trump, M.L., Too Much and Never Enough. Simon & Schuster (2020)

Twenge, J. et al., Less In-Person Social Interaction with Peers. Journal of Social and Personal Relationships 36: 1892 (2019)

Twenge, J., Teens Are Lonelier Than Ever. https://ifstudies.org/blog/teens-are-lonelier-than-ever-what-do-smartphones-have-to-do-with-it (2021)

Twenge, J. et al., Worldwide Increases in Adolescent Loneliness. Journal of Adolescence 93: 257 (2021)

Twenge, J. et al., Social Media Is Riskier for Kids than Screen Time. The *Washington Post* vom 16 (Februar 2022)

Unterbrink, T. et al., Burnout and Effort-Reward-Imbalance in a Sample of 949 German Teachers. International Archives of Occupational and Environmental Health 80: 433 (2007)

Unterbrink, T. et al., Parameters Influencing Health Variables in a Sample of 949 German Teachers. International Archives of Occupational and Environmental Health 82: 117 (2008)

Unterbrink, T. et al., Improvement in School Teachers' Mental Health by a Manual-Based Psychological Group Program. Psychotherapy and Psychosomatics 79 (4): 262 (2010)

Van Dyk, S., Post-Truth, the Future of Democracy and the Public Sphere. Theory, Culture & Society 39: 37 (2022)

Wartberg, L. et al., The Relevance of Emotion Regulation, Procrastination, and Perceived Stress for Problematic Social Media Use in A Representative Sample of Children and Adolescents. Computers in Human Behavior 121: 106788 (2021)

Zimmermann, L. et al., Mental Health and Patterns of Work-Related Coping Behaviour in a German Sample of Student Teachers: A Cross-Sectional Study. International Archives of Occupational and Environmental Health 85(8):865 DOI 10.1007/s00420-011-0731-7 (2011)

주

1 의학은 정신과 몸이 따로 노는 극단적인 형태에 주목한다. 심각한 트라우마에 시달리는 사람은 일시적으로 완전히 정신이 나가는 단계에 빠지곤 한다. 의학은 이런 현상을 분열 증세로 본다. 현실의 부정적인 변화나 손상을 무시하려 애쓰는 결과 정신이 나가버리고 만다. 극단적인 경우 이런 증세는 현실 감각의 완전한 상실로 나타난다.
2 2016년 2월 9일 독일 바트아이블링에서 일어난 열차 충돌 사고.
3 Chalmers(2022).
4 한병철(2021).
5 칸트(1784).
6 "The brain simulation is a digital system running on a computer. (…) There is no general reason why digital systems cannot be conscious."(Chalmers, 2022, 287쪽).
7 "The year is 2095. Earth's surface is a wreck, a casualty of nuclear warfare and of climate change. You could live a hardscrabble existence here, avoiding gangs and dodging mines, with your main aspiration being survival. Or you could lock your physical body in a well-protected warehouse and enter a virtual world."(Chalmers, 2022, 311쪽).
8 물론 낡았지만 아직 쓸모 있는 상품의 폐기는 소비 위주와 높은 자원 낭비에 초점을 맞춘 경제에 따른 것이라고 얼마든지 반론을 제기할 수 있다. 베를린의 영화감독이자 저술가 라인하르트 귄츨러는 2016년 이 주제를 다룬 재치 넘치는 영화 〈믹서기는 천당에 갔을까?(Kommen Rührgeräte in den

Himmel?)〉를 발표한 바 있다.
9   "Brain in the Vat"와 관련한 상세한 논의는 다음을 볼 것. Chalmers(2022).
10 컴퓨터가 작동하는 공간이 냉각장치를 갖춰야 한다는 점은 기계가 외부 현실을 지각한다는 것을 뜻하지 않는다. 냉각은 컴퓨터가 작동하기 위한 전제 조건일 뿐이다. 물론 인간도 적절한 외부 온도를 필요로 하기는 한다.
11 simulation은 본래 '마치 ~인 것처럼 하다', 곧 흉내낸다는 의미이다.
12 물론 컴퓨터는 물음에 맞춰 '외롭다'고 대답하도록 훈련될 수 있다.
13 인간이 선천적으로 타고난 감정 능력을 트라우마 탓에 잃는 일은 얼마든지 벌어질 수 있다. 우리가 흔히 어떤 사람을 보고 기계 같다고 말하는 경우가 이에 해당한다.
14 인간과 자연 사이에 공명이 일어난다는 점은 이미 찰스 다윈도 알았던 사실이다. 나는 이 공명을 주제로 책을 한 권 쓴 바 있다(『세계가 느끼는 것을 느끼자Fühlen, was die Welt fühlt』).
15 Nummenmaa, L. 외 공저(2013).
16 Kanazawa & 외 공저(2022).
17 Barsalou(2020).
18 Ernst Mayr(1904~2005)는 알고이 출신으로 젊은 시절 미국으로 건너가 하버드대학교 생물학 교수로 활동했다. 인용문은 독일 일간지 〈디 벨트Die Welt〉가 2004년 마이어와 나눈 인터뷰에서 발췌했다.
19 그 좋은 예는 『이기적 유전자The Selfish Gene』(1976)를 쓴 리처드 도킨스이다.
20 내가 몸 담았던 연구기관은 미국 뉴욕의 유명 대학병원에 설립된 마운트시나이메디컬센터이다.
21 유전자를 생명을 연주하는 피아노에 빗댄 그림은 내가 2002년 발표한 책 『몸의 기억: 우리의 유전자는 관계와 라이프스타일을 어떻게 조종하나Das Gedächtnis des Körpers: Wie Beziehungen und Lebensstile unsere Gene steuern』에서 처음으로 썼다. 당시 이런 관점은 매우 생소한 것이었으나, 오늘날에는 주류가 되었다.

22 유전자는 생화학의 알파벳 문자들이 진주목걸이처럼 죽 이어진 나선형 구조를 가진다. 이 알파벳의 순서는 일종의 텍스트로, 특정 정보를 담았다. 유전자에 든 정보는 특정 단백질 분자의 설계도이다. 단백질 분자는 말하자면 우리 몸의 교통경찰로 신진대사를 조절하는 역할을 맡는다. 작은 단백질은 3만 개까지 '펩타이드'라고 한다. 유전자는 대개 다양한 방식으로 판독될 수 있기 때문에 '하나의 유전자'가 하나뿐만이 아니라 '두 개'의 단백질 분자 설계도를 담고 있는 경우가 생겨난다. 단백질은 대개 생성된 뒤 여러 개로 분열한다. 인간의 유전자가 2만 3000개에서 늘어날 수 있는 것은 이런 사정이 설명해준다.
23 단백질을 만드는 데 필요한 청사진을 포함한 유전자의 부분은 '암호영역'(coding region)이라 부른다. 스위치를 부르는 유전공학 용어는 '조절염기순서'(regulatory sequence)이다. 유전자 스위치의 종류는 '조촉매'(promoter)와 '증강자'(enhancer) 두 가지이다.
24 유전자와 유전자 스위치를 이루는 물질은 '데옥시리보핵산'(deoxyribonucleic acid, DNA)이다.
25 이 신경 신호 물질은 '전사 인자'(轉寫因子, transcription factor)라는 개념으로 설명한다.
26 신호에 맞춰 만들어지는 단백질 분자의 양은 그때그때 달라진다.
27 이런 현상은 DNA의 스위치 영역 겉면에 작은 구조 변화로 일어난다. '메틸기'(CH3)가 겉면에 주렁주렁 매달리기 때문이다. 이런 모습은 갓 사랑에 빠진 연인이 영원한 약속의 표시로 걸어놓는 자물쇠를 연상시킨다. 스위치 영역에 주렁주렁 달린 메틸기는 안정적이기는 하지만 다시 제거되기도 한다.
28 후성유전학은 나의 책 『협력하는 유전자 Das kooperative Gen』를 참조할 것.
29 인슐린이 무엇인지 모르는 사람은 거의 없으리라. 인슐린은 우리가 당분을 섭취하면 췌장에서 분비되는 단백질 분자이다(또는 섭취된 뒤 당분으로 분해되는 탄수화물). 인슐린 유전자의 활동을 잘 관리하는 일은 생명을 좌우할 정도로 중요하다. 관리가 되지 않아 생겨나는 대표적인 질병이 널리 퍼진 제

2형 당뇨병이다. 이 병에 걸린 환자는 생활습관을 확 바꿔야 한다(운동과 다이어트로 체중을 줄여야 한다). 약물로 관리해주는 것도 필요하다(인공적으로 만든 인슐린).

30 Luby 외(2012), Aguilera 외(2009), Jin, J. 외(2019). 다음 자료도 참조할 것. Renner & Rosenzweig(1987).

31 이런 사실은 심신상관 의학이 이미 오래전에 밝혀낸 것으로, 그동안 학계 밖에서도 서서히 인정받고 있다. "사회의 상호작용은 새로운 종류의 현실, 곧 비물질적이고 사회적인 현실의 출현을 부른다."(유명한 '강골' 신경과학자 볼프 징거Wolf Singer가 한 말, 2019).

32 Bauer(2021).

33 공명 신경계의 이상으로 감정 능력이 둔화했지만, 기술과 수학에서 특별한 재능을 가진 사람을 의학계는 '아스퍼거 증후군'이라고 부른다.

34 그 좋은 예는 다음 웹사이트를 참조할 것. https://www.sap.com/germany/about/careers/your-career/autism-at-work-program.html.

35 『왜 나는 네가 느끼는 것을 느낄까Warum ich fühle, was du fühlst』(2016). 이 책의 초판은 2005년에 나왔다(한국어판 『공감의 심리학』, 에코리브르, 2006).

36 "The mirror mechanism connects brains." Irrgang(2014).

37 인간의 진화를 다룬 연구의 최신 수준을 나는 다음 책에서 설명했다. 『우리는 어떻게 우리가 되었나Wie wir werden, wer wir sind』(2022).

38 Lagercrantz & Changeux(2009).

39 이런 무의식적인 기억을 저장하는 두뇌 부위는 편도체, 스트레스를 관장하는 이른바 '스트레스 축'(시상하부 뇌하수체 부신 축Hypothalamic-Pituitary-Adrenal Axis), 이마앞엽 겉질(anterior cingulate cortex) 그리고 대뇌섬(insula)이다.

40 이 부위의 이름은 '배쪽안쪽 이마앞엽 겉질'(ventromedial prefrontal cortex)로 약칭은 'vmPFC'이다.

41 Mitchell 외 공저(2005), Ma 외 공저(2014), Jenkins & Mitchell(2010)도

참조할 것. '자아'와 '중요한 타인'과 '우리'의 신경계가 서로 겹쳐 중첩된다는 발견은 MRI 단층촬영 연구로 이루어졌다. 나는 이 중요한 연구 결과를 내 여러 저서에서, 특히『우리는 어떻게 우리가 되었나』(2022)에서 자세히 다루었다.

42 자아와 타인을 구분하는 능력을 특별히 담당하는 신경 네트워크는 이른바 '마루관자이음'(Parieto-Temporal Junction, TPJ)이다.

43 Somerville 외 공저(2010).

44 젊은 대학생이었던 내 환자 한 명은 몇 년 동안 사귄 여자친구에게 갑자기 이별통보를 받았다. 옛 애인은 대화를 거부했다. 관계가 깨지고 며칠 뒤 환자는 완전히 얼이 나간 상태로 자동차 추돌 사고를 일으켰다. 이 사고로 청년은 나를 찾아와 치료받았다.

45 블레이크 르모인의 사례는 전 세계 언론이 주목해 여러 차례 보도되었다. 특히 상세히 다룬 기사는 2023년 1월 12일자 〈디 차이트Die Zeit〉를 볼 것.

46 Twenge(2019), Spitzer(2022 a & b).

47 Rumpf 외 23명 공저(Manfred Spitzer는 참여하지 않음). 이 연구에는 독일 어권의 20개 연구센터가 협업했다.

48 '학술위원회'란 독일 연방정부에서 교육 문제의 자문을 구하기 위해 설립한 '상설 학술위원회'(Ständige Wissenschaftliche Kommission, SWK)를 뜻한다. 최근 이 위원회가 다지털 기술을 학교에 허용해도 좋다는 권고를 의결한 것을 두고 소아과 전문의를 비롯해 소아 및 청소년 정신과 전문의와 교사연맹은 경악을 금치 못했다.

49 이와 관련해 전반적으로 잘 정리된 자료는 다음을 볼 것. Axel Lange(2021).

50 이 문제와 관련해서는 로스앤젤레스 대학교의 정보통신학 교수 라메시 스린 바산(Ramesh Srinivasan)이 〈프랑크푸르트 알게마이네 차이퉁〉과 2023년 2월 13일에 한 인터뷰 기사를 볼 것.

51 독일 저널리스트 크리스티나 베른트(Christina Berndt)의 기사를 참조할 것. 2023년 2월 17일 자 〈쥐트도이체 차이퉁〉.

52 Twenge 외 공저(2021), Bühring(2022), Neu 외 공저(2023).

53   Rauschert 외 공저(2022). 다음 자료도 볼 것. Keefe(2022). Heil(2022).
54   Holt-Lunstad 외 공저(2010).
55   소녀의 이름은 가명을 썼다. 소녀 가족은 몇 달 뒤 다시 이사해, 이제는 베를린에 살지 않는다.
56   '디스하다'라는 말은 영어의 'disrespect'에서 온 것으로 상대에게 무례한 태도로 비난하거나 욕하는 것을 가리키는 청소년의 비속어이다.
57   문제가 된 증상은 '해리성 운동장애'로, 이것은 무의식적인 트라우마 때문에 몸을 마음대로 움직일 수 없는 증상이다.
58   인간의 근본 동기부여와 관련한 과학 실험 데이터는 나의 책 『가능성이라는 원리: 왜 인간은 협력 본성을 가질까Prinzip Menschlichkeit: Warum wir von Natur aus kooperieren』, 『아픔의 한계: 일상 폭력과 글로벌 폭력의 근원Schmerzgrenze: Vom Ursprung alltäglicher und globaler Gewalt』, 『협력하는 유전자』에서 인용 출처와 함께 자세히 밝혔다. 상대가 도발하지 않았음에도 그에게 해를 입히려는 자발적 욕구, 곧 공격 성향은 존재하지 않는다. 찰스 다윈도 인간의 공격 충동은 없다고 보았다. 공격 충동은 지그문트 프로이트가 1920년에야 비로소 만든 개념이다. 이 물음에 콘라트 로렌츠가 보인 견해 역시 오늘날의 관점에서 보면 틀렸다. 그렇다고 해서 프로이트와 로렌츠가 다른 분야에서 거둔 위대한 업적이 과소평가되어서는 안 되지만 말이다. 공격 충동이 '본능'은 아니지만, 인간이 가진 주요 문제 가운데 하나인 것은 틀림없다. 이와 관련해서는 『아픔의 한계』를 볼 것.
59   다른 사람에게 나와 함께 있어주기를 원하면서 상대에게 온전히 몰두하지 않는 것을 심리학은 '나르시시즘 착취'라 부른다. 나의 좋은 기분을 위해 타인의 현재를 요구하지만, 그에 상응하는 대가를 베풀지 않는 것이야말로 자아중심적(나르시시즘)이기 때문이다. 스마트폰과 소셜미디어와 무관하게 생겨나는 관계 손상은 관계 당사자들 사이에 권력의 격차가 성립하는 경우이다. 이를테면 부모와 자녀, 상사와 부하, 어느 한쪽이 다른 쪽에 의존하는 부부나 동반자 관계에서 '나르시시즘 착취'가 쉽게 일어난다.
60   "인생은 우리에게 물음을 던지며, 우리는 이에 답해야 한다." 1997년에 타계

한 빅토르 프랑클의 생각을 아직 접해보지 않은 사람은 2019년에 벨츠 출판사에서 나온 『삶의 의미에 대하여Über den Sinn des Lebens』를 읽어보길 추천한다. 이 책의 서문은 내가 썼다. 이 책은 프랑클이 강제수용소에서 풀려나고 얼마 뒤 빈에서 했던 세 번의 연설을 담았다.

61 Schokkenbroek 외 공저(2022).
62 Thomas 외 공저(2022).
63 독자 여러분 가운데 소셜네트워크가 어떻게 작동하는지 아직 잘 모르는 분이 있다면, 내가 유튜브에 공개한 강연을 추천해드린다. 강연 제목은 '미디어와 소셜네트워크는 우리를 어떻게 바꾸었나'(Wie Medien und soziale Netzwerke uns verändern)이다. 이 강연은 노동자회의소 포어아를베르크(Arbeiterkammer Vorarlberg)의 초청으로 한 것이다. 강연에서 나는 이런 시스템의 작동 방식을 자세히 설명했다. https://www.youtube.com/watch?v=2XMq5jcPG9g.
64 〈슈피겔〉, 2022년 10월 15일.
65 Eichenberg 외 공저(2022).
66 충실한 정보를 담아 영리하게 쓴 책, 하지만 유감스럽게도 제목은 그리 똑똑하지 않은 이 책은 미국 가상현실 전문가 재런 러니어(Jaron Lanier)의 『지금 당장 당신의 SNS 계정을 삭제해야 할 10가지 이유Ten Arguments for Deleting Your Social Media Accounts Right Now』(2018; 글항아리, 2019)이다. 이 책은 지금 읽어도 최신 동향에 손색이 없을 정도로 설득력이 뛰어나다.
67 2020년 넷플릭스를 통해 공개된 제프 올로우스키(Jeff Orlowski) 감독의 다큐멘터리 〈소셜 딜레마The Social Dilemma〉는 아주 뛰어난 정보를 담았다.
68 2008년 페이스북의 회원 수는 마이스페이스를 추월했다. 이후 마이스페이스는 군소 소셜네트워크의 하나일 뿐이다.
69 '피드'는 소셜미디어의 어느 계정 페이지에 게시되는 모든 것을 나타내는 말이다. 광고뿐만 아니라, 친구, 지인 및 다른 발신자의 텍스트와 사진도 피드의

대상이다.
70 중국의 소셜미디어 플랫폼인 '틱톡'은 어떤 뉴스를 노출하고 무엇을 숨길지 정부의 지시를 따른다.
71 다음 자료를 참조할 것. Rosa(2022), Habermas(2022), Van Dyk(2022).
72 이런 상황은 정신분석학자들이 종종 입에 올리는 냉소적인 농담을 연상시킨다. 아내를 버릇처럼 때리던 어떤 남편은 그래도 아내가 자신을 떠나지 않자, 갑자기 때리는 것을 그만두었다. 그러자 아내가 항의했다. "이게 뭐지? 갑자기 왜 이러는 건데? 나를 더는 사랑하지 않는 거야?"
73 JIM 연구(2021).
74 〈미디어 중독: 아동과 청소년은 게임, 소셜미디어, 동영상 스트리밍을 어떻게 이용하나?Mediensucht: Wie nutzen Kinder und Jugendliche Gaming, Social Media und Streaming?〉, 함부르크대학병원의 '독일 아동청소년중독 문제연구센터'(Deutsches Zentrum für Suchtfragen des Kindes-und Jugendalters, DZSKJ)와 '독일 직장인의료보험'(DAK)이 라이너 토마지우스(Rainer Thomasius) 교수의 주도로 진행한 연구. 2023년 3월 14일.
75 아동과 청소년의 16.4퍼센트, 곧 86만 5300명은 하루 평균 260분 이용하는 것으로 나타났다. 이는 '중독 위험군'에 해당한다. 아동과 청소년 6.7퍼센트, 곧 35만 3000명은 하루 평균 이용시간이 274분이다. 이는 이미 병적인 단계에 들어선 것이다.
76 독일 공영방송 ARD와 ZDF의 2022년 온라인 조사도 같은 방향을 확인해준다.
77 DAK 장기 연구, 〈미디어 중독 2020〉(Mediensucht 2020).
78 DAK 장기 연구, 〈미디어 중독 2020〉. 아동과 청소년은 물론이고 부모 역시 소셜미디어를 찾는 동기로 사회적 교류를 꼽은 비율이 90퍼센트이다. 워낙 진부해서 기대를 어긋나는 것이 전혀 없는 확인이다.
79 JIM 연구(2021).
80 J. Twenge 외 공저(2022).
81 Paschke 외 공저(2022).

82 74번 주에 언급한 자료를 참조할 것.
83 JIM plus 연구 2022(2022).
84 'Facebook' 파일(2021), Twenge(2021), Twenge 외 공저(2022).
85 2021년 독일에서 의학적으로 요구되지 않는 성형수술을 구태여 받은 젊은이는 5만 5000여 명에 달한다(《슈피겔》, 2022년 8월 31일).
86 프리드리히 실러, 『인간의 미학 교육에 관하여Über die ästhetische Erziehung des Menschen』(1795; 한국어판 『프리드리히 실러의 미적 교육론』, 대화문화아카데미, 2015).
87 『노동: 왜 노동은 우리를 행복하거나 병들게 만들까Arbeit: Warum sie uns glücklich oder krank macht』는 내가 쓴 책의 제목이다(Bauer, 2013).
88 알베르트 아인슈타인은 1930년에 열린 베를린 국제가전박람회 연설에서 이렇게 말했다. "모든 기술적 성취의 근원은 신 못지않은 호기심으로 고민하며 뭔가 뚝딱거리며 만들어보는 연구자의 놀이 정신이다."
89 외모를 꾸밀 수 있는 선택지는 '스킨'(Skin)이라고 한다.
90 게임은 '앱 내 구매'를 그저 소비자의 선택 조건으로 제시하지 않는다. 갈수록 게임의 수준을 높여 어렵게 만들면서 레벨을 올리기 위한 조건으로 삼는다. 이런 시스템을 두고 '페이 투 윈'(Pay-to-win)이라 부른다. 이는 곧 돈을 써야만 이길 수 있게 만드는 꼼수다.
91 대개 진짜 돈을 선불로 내고 이른바 '게임 머니'를 구매해 이것으로 결제가 이루어진다.
92 게임 자체를 구매하거나 게임에 접근 권한을 얻고자 독일에서 매년 지출되는 액수는 '앱 내 구매'보다 훨씬 적다. 그 규모는 '고작' 몇억 유로에 지나지 않는다.
93 여러 게이머가 같은 공간에서 게임을 할 때는 컴퓨터가 직접 연결될 수도 있다.
94 가장 많이 팔렸으며, 사람들이 주로 즐기는 게임은 전투와 폭력성이 주를 이룬다. 심지어 비교적 온순한 게임 〈마인크래프트〉에서도 슈팅으로 괴물이 퇴치되곤 한다.

95 팀 구성원 전체가 '죽어야' 끝나는 게임도 있다. 그러면 게임은 새로운 라운드를 시작한다. 대개 게임, 예를 들어 〈포트나이트〉에서 총에 맞은 '개별 게이머'는 누가 끝까지 살아남는지 구경해야 한다.
96 게임은 세계적인 순위를 매겨 발표하기도 한다.
97 2021년 독일에서 'e스포츠' 매출은 1억 유로를 넘어섰다. 2023년 2월까지 e스포츠 프로선수 가운데 1위에서 10위까지 획득한 상금만 400만 유로에 달한다. 여기에 연봉, 스폰서 계약 따위로 이들은 어마어마한 돈을 벌어들인다. 다음 인터넷 주소를 참조할 것. https://de.statista.com/statistik/daten/studie/737326/umfrage/prognose-zum-umsatz-im-esports-markt-in-deutschland/.
98 컴퓨터 게임은 당연히 여학생 또는 성인 여성도 즐긴다(미국의 유명한 여성 게이머 케이트 에드워드(Kate Edward)가 〈차이트 온라인Zeit Online〉과 2019년 10월 24일에 한 인터뷰를 볼 것). 독일의 아동·청소년 가운데 소녀가 즐기는 것은 소셜네트워크인 반면, 소년은 컴퓨터 게임에 푹 빠졌다.
99 주 74의 자료.
100 10~17세 아동 및 청소년의 11.8퍼센트, 곧 62만 2500명은 하루 평균 180분 게임을 해서 '위험군'에 속한다. 6.3퍼센트인 33만 2400명은 292분으로 '병리적 징후'를 나타낸다.
101 통계청 2021년 발표.
102 통계청 2021년 발표.
103 DAK 연구, 〈미디어 중독 2020〉(2020). 다음 자료도 볼 것. Paschke 외 공저 (2020, 2021, 2022), Hülquist 외 공저(2022).
104 Szolin 외 공저(2022).
105 Beard 외 공저(2017).
106 '고무손 착시 실험'(Rubber hand illusion)은 유명한 신경학 실험이다. 이 실험에서 피험자는 게이머가 게임에 몰입하면서 처하는 상황이 어떤 것인지 고스란히 보여준다. 고무손 착시 실험에서 피험자는 팔과 함께 손을 앞에 놓인 탁자 위에 올려놓는다. 피험자는 자신의 손을 볼 수 없다. 피험자의 몸통에서

부터 손까지 수건으로 덮여 있기 때문이다. 수건은 직접 손을 덮지는 않는다. 수건은 손 위 약 15센티미터 높이로 펼쳐져 있어 손을 건드리지 않는다. 피험자의 손 바로 옆에는 깜빡 속을 정도로 진짜 같아 보이는 고무손, 팔까지 달린 고무손이 놓인다. 팔 부분은 수건으로 덮였고 손만 드러난 게 피험자의 눈으로 보면 꼭 자신의 것처럼 보인다. 이제 본격적으로 '게임'이 시작된다. 피험자의 맞은편에는 실험을 주도하는 연구자가 앉았다. 연구자는 피험자가 지켜보는 앞에서 붓으로 고무손의 여러 부위를 간질인다. 그와 동시에 두번째 붓이 피험자의 실제 손, 천으로 가린 손을 간질인다. 붓이 고무손을 접촉할 때마다 피험자는 자신의 손, 물론 두 눈으로 볼 수 없는 손에 붓질을 느낀다. 이렇게 어느 정도 시간이 흐르고 나면 피험자의 두뇌는 고무손을 자신의 것으로 '수용'한다. 연구자는 들고 있던 붓의 뾰족한 끝으로 갑자기 고무손을 힘껏 찌른다. 화들짝 놀란 피험자는 자신의 손을 뒤로 빼는 시늉을 하며 끔찍한 비명을 지른다. 심지어 피험자는 짧은 순간이나마 직접 통증을 느낀다.

107 Stavropoulos 외 공저(2018), Szolin 외 공저(2022), Sioni 외 공저(2017). 이 연구들은 동일시의 정도가 높을수록 공황장애와 우울증 증상이 심해지는 것을 확인했다.

108 DAK 연구, 〈미디어 중독 2020〉(2020), Hülquist 외 공저(2022).

109 Twenge 외 공저(2021).

110 Neu 외 공저(2023).

111 Ravens-Sieberer 외 공저(2022).

112 Szolin 외 공저(2022).

113 SF 소설은 많지만 가장 유명한 사례는 닐 스티븐슨이 1992년에 발표한 『스노 크래시』이다.

114 더는 살 수 없이 황폐해진 지구를 그린 영화도 많지만 네 편만 꼽아보겠다. 1999년에 개봉한 SF 영화 〈매트릭스〉는 릴리 워쇼스키스와 라나 워쇼스키 감독의 작품으로 권력과 탐욕과 냉혹한 감정이 지배하는 세계('매트릭스')를 보여준다. 주인공 네오는 모피어스라는 이름의 구원자 덕분에 가상세계로 '구조'된다(그런데 역설적이게도 이 가상세계는 디지털 시스템이 지배하는 매

트릭스 세계와 거의 차이가 없다). 모피어스는 네오에게 네가 이 세상을 구해줄 구세주라고 한다(예수 그리스도를 빗댄 게 분명한 스토리다). 2018년에 개봉된 영화〈레디 플레이어 원〉은 스티븐 스필버그 감독의 작품으로 황폐해진 지역에서 컨테이너에 살며 '오아시스'라는 이름의 가상 비디오게임으로 도피한 10대 소년 웨이드 오언 와츠의 이야기를 다룬다. 1998년에 개봉한 영화〈트루먼 쇼〉는 보험사 영업사원 트루먼 버뱅크가 끊임없이 되풀이되는 똑같은 일상에 현실을 의심하기 시작해, 실제로 자신이 가상 세계 안에 갇혀 있음을 알아내고 탈출하는 이야기이다. 제임스 캐머런이 2022년에 발표한 영화〈아바타: 물의 길〉은 종말론적 상태에 처한 지구를 그린다. 주인공 제이크 설리는 자신을 인공신경망에 업로드해서 자신의 아바타(예전에 자신을 대리했던 캐릭터)와 합체해 휴머노이드로 이뤄진 가족과 함께 '판도라'라는 이름의 동화 같은 수중세계에서 살아간다. 네 편 모두 엄청난 파급력을 자랑했다. 이 네 작품의 공통점은 현실을 더는 견딜 수 없게 되어버린 황폐한 지구를 그린다는 점이다. 과잉과 지루함 탓에(트루먼 쇼), 비인간적인 냉혹함 탓에(매트릭스), 빈민굴처럼 황폐해진 세상 탓에(레디 플레이어 원) 또는 완전히 파괴된 사회적·경제적 현실 탓에(아바타) 현실의 지구는 더는 견딜 수 없는 지옥이다.

115 두 가지만 예로 들어보자. 현재 18세 이하의 청소년이 가장 즐기는 온라인 게임〈포트나이트〉와 1인칭 슈팅 게임〈더 라스트 오브 어스The Last of Us〉는 모두 종말 이후의 세계를 묘사한다.〈더 라스트 오브 어스〉는 최근 방송사 '스카이'(Sky)가 영화로도 만들었다(《슈피겔》 2023년 제3호 참조).
116 플라톤,『국가』.
117 빈넨덴, 에르푸르트, 할레에서 벌어진 테러의 범인은 게임 중독자였다. 할레의 테러범은 몸에 장착한 카메라로 범행을 게이머의 인터넷 플랫폼 '트위치'(Twitch)를 통해 생중계했다.
118 무의식에 심어진 명령이 최면처럼 작용하는 효과를 잘 보여주는 예는 '히틀러유겐트'(Hitlerjugend, HJ)이다. 권력을 장악하자마자 히틀러는 해마다 수십만 명의 청소년에게 엄격한 단련으로 전투력을 키우게 했다. 여러 해에 걸

처 세뇌를 받은 HJ가 아니었다면 히틀러는 1939년 기꺼이 전쟁이라는 불구 덩이에 뛰어들 젊은 병력을 활용하지 못했을 것이다. 프라이부르크의 사회학자 스테판 마르크스 박사는 아직 생존해 있는 당시 단원들과 인터뷰하고 대체 무엇이 HJ를 그토록 매력적으로 만들었는지 분석한 매우 흥미로운 연구 결과를 내놓았다. 마르크스 박사는 당시 청소년이 현실에 큰 중압감을 느낀 나머지 HJ를 피난처로 여겼음을 밝혀냈다. 오늘날 게이머의 현실 도피와 놀라울 정도로 닮은 점을 확인해주는 연구 결과이다. Stephan Marks, 『왜 그들은 히틀러를 따랐을까: 나치즘의 심리학Warum folgten sie Hitler?: Die Psychologie des Nationalsozialismus』(2014).

119 비디오 게임 라이브 스트리밍 포털 '트위치'에서 가장 높은 인기를 누리는 게임은 전투 게임 〈리그 오브 레전드〉(매달 1억 1900만 시간), 살인을 포함해 모든 종류의 범죄행위를 실행할 수 있는 〈GTA〉(매달 1억 500만 시간), 1인칭 슈팅 게임으로 대립하는 두 팀이 서로 총을 쏘아대는 〈발로란트〉(매달 1억 200만 시간), 테러 진압군이 테러리스트와 맞서 싸우는 〈카운터스트라이크(Counterstrike)〉(매달 5600만 시간), 섬에서 벌어지는 생존 슈팅 게임 〈포트나이트〉(매달 5200만 시간)이다. 이 통계는 2022년 6월 기준이다. 2022년 8월 31일 자 〈슈피겔〉 참조. 대성공을 거둔 게임 〈마인크래프트〉는 원자재를 채굴('Mining')하고 공들여 만드는 일('Craft')을 하는 비교적 온건한 특성을 자랑하기는 하지만 그래도 총은 쏜다.

120 초보자 또는 학습 모드에서 〈포트나이트〉는 좀비와 대결하게 하면서, 게이머 가운데 최후의 1인이 남는 이른바 '배틀 로얄'(battle royale)로 게이머를 자극한다.

121 내 환자 가운데 한 명은 자신의 16세 아들 이야기를 나에게 들려주었다. 아버지는 어느 날 아들에게 비디오 게임을 할 수 있는 장비를 선물했다고 한다. 당시만 해도 아버지와 아들은 사이가 매우 좋았다. 아버지는 아들이 게임 중독 따위에 결코 빠지지 않을 것으로 믿었다. 그래서 '앱 내 구매'도 한 달에 50유로까지 써도 좋다며 아버지는 아들에게 신용카드를 주었다. 불과 몇 달 지나지 않아 아버지는 은행에서 걸려온 전화를 받았다. 은행은 이미 카드 한

도 5000유로가 소진되었는데, 누군가 계속 카드로 결제를 시도한다며 주의를 부탁한다고 했다.
122 이런 종류로 커다란 성공을 거둔 게임은 〈콜 오브 듀티〉이다. 〈아레나 3 밀리터리 시뮬레이션〉이라는 게임은 나토가 이란을 상대로 벌이는 전쟁을 고스란히 재현한 것이다. 이 게임에서 쓰는 무기 체계는 진짜를 방불케 할 정도다.
123 베를린 일간지 〈타게스슈피겔〉 2022년 11월 12일의 제바스티안 레버(Sebastian Leber) 기자가 쓴 기사를 볼 것. 기사의 온라인 주소. https://www.genios.de/presse-archiv/artikel/TSP/20221112/horror-im-kinderzimmer/doc7nkqdy6sl9k1j1m663h4.html.
124 Kahneman(2012).
125 〈타게스슈피겔〉, 2022년 8월 25일.
126 Stephenson(1992, 독일어 번역본 2002).
127 이 소설은 종말을 맞이한 세계(또는 종말 이후의 세계)를 그린다. 종말론이라는 주제는 많은 다른 SF 소설, 특히 많은 비디오 게임과 영화가 즐겨 다룬 것이다. 현실의 빈곤, 이런 빈곤이 빚어질 수밖에 없는 무자비한 사회질서 탓에 펼쳐지는 미래를 그리는 발상은 미국에서 시작되어 전 세계로 퍼져나갔다.
128 메타버스 특수 안경은 과장된 스키고글과 오토바이 헬멧 사이 그 어딘가에 해당하는 외관을 자랑한다.
129 〈쥐트도이체 차이퉁〉, 2022년 10월 12일.
130 〈슈피겔〉, 제25호(2022).
131 예를 들어 〈디센트럴랜드〉의 화폐 이름은 '마나'이며, 〈샌드박스〉에서는 '샌드'이다.
132 메타버스에 지점을 개설한 기업은 나이키, 월마트, 틴더(파트너 중개), 안경 제조사 프랜차이즈 등이다.
133 Lacey 외 공저(2022).
134 Gorisse 외 공저(2021).

135 Seinfeld 외 공저(2018).
136 S. Halan 외 공저(2019).
137 D. Banakou 외 공저(2020).
138 Slater 외 공저(2020).
139 〈슈피겔 온라인〉, 2022년 2월 6일.
140 오스트리아 일간지 〈데어 슈탄다드Der Standard〉, 2022년 9월 17/18일.
141 Slater 외 공저(2020).
142 Slater 외 공저(2020).
143 트랜스휴머니즘의 역사를 다룬 책 가운데 Axel Lange(2021)와 Can Heval Cokyasar(2022)이 읽어볼 만하다.
144 줄리언 헉슬리는 영국의 생물학자이다. 그는 좋은 유전자, 이른바 '우성 유전자'를 가진 인간만이 번식해야 한다는 우생학을 굳게 믿었다. 헉슬리는 영국 우생학협회의 회장을 지냈다. 그는 2차세계대전 이후 유네스코의 초대 사무총장을 맡았다. 1946년에 발표한 책 『유네스코, 그 목적과 철학Unesco, Its purpose and its philosophy』에서 이렇게 썼다. "우리의 첫번째 과제는 진화의 바람직한 방향과 나타나지 않았으면 하는 방향을 명확히 밝히는 것이다. (…) 다양함 자체는 바람직하지만, 약골, 멍청이 그리고 도덕적으로 품성이 나쁜 사람은 그저 열등하기만 할 뿐이다." 1957년에는 몇 편의 에세이를 모아 『새 와인을 위한 새 병New Bottles for New Wine』을 출간했다. 이 책은 "트랜스휴머니즘"이라는 제목이 붙은 에세이로 시작한다. 이 텍스트에서 헉슬리는 이렇게 썼다. "단순한 인구수가 아닌 인간의 우수한 품질, 이것이 우리의 목표여야만 한다."
145 이와 관련해서는 특히 〈프랑크푸르트 알게마이네 차이퉁〉의 2022년 9월 2일 기사를 참조할 것. "디지털 추기경"(1장에서 다룬 의미에서)은 일론 머스크와 피터 틸 외에도 마크 저커버그, 샘 올트먼, 레이 커즈와일, 닉 보스트롬 등을 꼽을 수 있다.
146 4장의 논의는 데이비드 차머스가 2022년에 발표한 기념비적인 책 『리얼리티+: 가상세계와 철학의 문제Reality+: Virtual Worlds and the Problem of

Philosophy』를 토대로 이루어졌다. 인용문은 모두 영어판 원본을 참조했다.
147 주 146을 참조할 것.
148 데이비드 차머스는 철학의 관점에서 '확장된 자아'(Extended Self)라는 개념을 빚어냈다. 이 개념은 신경학과 심리학이 연구한 '자아'와 놀라울 정도로 일치한다. 차머스는 무엇보다도 메모장 또는 스마트폰을 '확장된 자아'의 사례로 꼽는 반면, 나는 중요한 주변 인물, 예를 들어 아기에게 엄마 또는 서로의 파트너가 어느 정도로 '확장된 자아'일 수 있는지 연구했다. 이 문제의 자세한 설명은 나의 책 『우리는 어떻게 우리가 되었나』를 참조할 것.
149 "아바타는 완벽하게 실재하는 가상 물체이다. (…) 가상 물체와 가상 이벤트는 통상적인 물리적 물체는 아니지만, 그래도 동시에 실재한다."(Chalmers, 2022, 194쪽)
150 "가상 물체는 디지털 물체이다."(Chalmers, 2022, 197쪽) "이 모든 것은, 가상 현실이 통상적인 물리적 현실과 같은 것은 아니라 할지라도(적어도 물리적 현실이 시뮬레이션이 아닌 한에서) 진짜 현실을 나타낸다는 결론을 내리게 해준다."(Chalmers, 2022, 202쪽) 차머스는 "가상 리얼리즘"(192쪽 이하)이라는 개념을 "가상 디지털리즘"(194쪽 이하)과 동의어로 쓴다.
151 Chalmers, 2022, 196~197쪽.
152 "우리 세계의 생물은 화학으로 실현되며, 화학은 물리로 실현된다."(Chalmers, 2022, 417쪽)
153 "생물이라는 기계는 얼마든지 시뮬레이션될 수 있을 것으로 보인다. 잘 발달한 기술로 당신의 고양이 시뮬레이션은 진짜 고양이와 구분될 수 없다. (…) 고양이에게 되는 일이 사람이라고 안 될쏜가. 인간이라는 생물은 시뮬레이션 될 수 있다."(Chalmers, 2022, 33쪽)
154 "인간의 행동은 두뇌의 명령을 받아 이루어지며, 그리고 두뇌는 복잡한 기계처럼 보인다."(Chalmers, 2022, 33쪽)
155 "증거는 우리가 자유의지를 가질 수 없음을 확인해준다. 우리 두뇌는 행동을 결정해주는 기계 시스템으로 보인다."(Chalmers, 2022, 424쪽)
156 '의식'을 두고 차머스는 책의 여러 대목에서 저마다 다르게 표현한다. "주관적

경험"으로서의 의식은 "1인칭 시점으로 바라보는 내 인생을 담은 내면 영화를 캡처한 것"이라고 정의하는 대목은 나름대로 설득력이 있다(277쪽). 더 나아가 그는 "의식 경험의 지식은 두뇌 작용 과정의 지식으로는 풀 수 없다"(282쪽)고 인정하면서, "아마도 의식 그 자체가 근본일 것"이라고 힘주어 확인한다(283쪽). 그런데 다른 대목에서는 앞의 것과 완전히 대치되는 이야기를 한다. "의식 경험은 아마도 수학으로 묘사될 수 있기는 하지만, (…) 그러나 의식 경험은 수학의 묘사를 뛰어넘는 것이기도 하다"(411쪽) 이야기가 달라지는 대목은 또 나온다. "시뮬레이션된 존재는 그 원본, 곧 실제 인간과 똑같은 의식을 가진다."(Chalmers, 2022, 93쪽) 이런 가정 아래서 차머스는 '정신 업로드'가 이뤄지고 난 뒤의 상황을 이렇게 정리한다. "당신의 두뇌는 시뮬레이션으로 완전히 대체된다. (…) 이 시뮬레이션이 잘 작동한다면, 당신은, 아 내가 의식을 가졌구나 하고 말하리라."(Chalmers, 2022, 289쪽)

157 "같은 종류의 의식 경험은 서로 매우 다른 실체들이 만들어낼 수 있다. 뉴런, 실리콘 칩, 심지어 '녹색 점액'(SF 소설이나 영화에서 외계인이나 귀신을 나타내는 데 쓰는 단어이다. 인간의 피와 대비한 발상이다 — 옮긴이)도 의식을 만든다."(Chalmers, 2022, 159쪽)

158 "우리는 인간의 두뇌와 행동을 상당히 정확하게 시뮬레이션할 수 있다. (…) 우리는 시뮬레이션된 두뇌가 그 자체로 의식과 지능을 가진다는 점을 진지하게 받아들여야 한다. 결국 나의 두뇌와 몸의 완벽한 시뮬레이션은 나와 완벽하게 똑같이 행동하게 될 전망이다."(Chalmers, 2022, 22~23쪽)

159 "'정신 업로드'는 우리의 정신을 생물적인 몸으로부터 디지털 컴퓨터로 이동시키는 시도이다. 많은 사람은 이런 시도를 하려는 발상을 일종의 영생을 얻으려는 우리의 간절한 희망으로 본다. 업로드가 불멸의 영생에 이르는 길로 작용하는 중요한 포인트는 업로드 시스템이 의식을 가져야 한다는 점이다."(Chalmers, 2022, 276~277쪽)

160 "나는 단계적인 업로드 방식을 선호한다. 이 과정을 이겨내고 살아남아 다른 쪽(컴퓨터 — 옮긴이)에 의식이 생겨날 최선의 방법은 단계적 업로드이다."(Chalmers, 2022, 293쪽)

161 "두뇌를 컴퓨터 시뮬레이션으로 업로드하면 무슨 일이 일어날까? 뉴런을 하나씩 칩으로 대체해야 한다. 새로운 칩이 기존의 뉴런이 작용하던 패턴 바로 그대로 주변 환경과 상호작용하는지 유념해야 한다. (…) 칩 시스템과 시뮬레이션은 두뇌가 가졌던 것과 같은 종류의 의식을 가져야 한다."(Chalmers, 2022, 397~398쪽)
162 Chalmers, 2022, 293쪽.
163 독일어 번역은 내가 했다(Chalmers, 2022, 276쪽).
164 독일어 번역은 내가 했다(Chalmers, 2022, 311쪽).
165 작은 글씨로 인쇄되었다는 표현은 행간을 유의해 읽어야 한다는 비유이다. 차머스의 책은 큰 활자로 인쇄되었을 뿐, 작은 활자는 찾아볼 수 없다.
166 독일어 번역은 내가 했다(Chalmers, 2022, 361쪽).
167 "일자리를 찾지 못하는 사람은 가상세계에 드는 비용을 어떻게 충당할까? 최소한의 수입, 일종의 보편적 기본 수당이 요구된다."(Chalmers, 2022, 362쪽)
168 독일어 번역은 내가 했다(Chalmers, 2022, 363~364쪽) 몇 문장 앞에는 이런 문장이 나온다. "우리의 세계가 가상현실과 인공지능이 중심이 되는 세상으로 전환된다면, 우리는 사회가 재편될 것이라는 합리적 예상을 할 수 있다. 이는 분명 정치적 격변으로 이어져, 아마도 정치 혁명을 부르리라."(Chalmers, 2022, 354쪽)
169 독일어 번역은 내가 했다(Chalmers, 2022, 124쪽)
170 하느님이 손을 써서 피조물을 빚어냈다는 기계론적 발상은 오늘날 가톨릭이든 개신교든 기독교 신학에서 깨끗이 포기했다(이 문제는 Lang의 자료를 볼 것, 2019). 그러나 모든 종교의 근본주의자는 신이 손수 창조했다는 옛 모델을 고집한다. 여기서 이 문제는 더 자세히 다루지 않겠다.
171 "1) 우리가 시뮬레이션 속에 있는지 알 길은 없다. 2) 시뮬레이션 속에 있는지 알 수 없다면, 외부 세계도 전혀 알 수 없다. 3) 그러므로 우리는 외부 세계를 전혀 알 수 없다."(Chalmers, 2022, 56쪽) 이 명제의 번호는 차머스가 매긴 것이다.
172 "시뮬레이터는 물리 구조를 시뮬레이션하는 알고리즘을 실행해 물질세계를

만들어낸다."(Chalmers, 2022, 172쪽)
173 "물리학에서 광자와 쿼크는 그 수학적 조합 그리고 관찰자의 관측으로 정의된다. 광자와 쿼크는 각기 고유한 역할을 맡는다. (…) 시뮬레이션에서 광자는 디지털 독립체이다. (…) 비트의 특정 패턴은 광자의 수학 조합을 연기해 우리의 관찰이 이뤄지게 해준다."(Chalmers, 2022, 176~177쪽)
174 "우리는 아마도 시뮬레이션이리라."(Chalmers, 2022, 91, 98쪽) "우리는 아마도 창조되었으리라."(134쪽)
175 "보스트롬의 버전은 간단히 이것이다. 우리는 컴퓨터 시뮬레이션 속에서 산다. 나의 버전은 이렇다. 우리는 인위적으로 디자인된 세계의 컴퓨터 시뮬레이션 속에서 살며, 앞으로도 그러하리라."(Chalmers, 2022, 29쪽) 다음 자료도 볼 것. Bostrom(2003).
176 머스크의 말을 인용한 문장은 Chalmers(2022), 83쪽에 나온다.
177 Chalmers, 2022, 118쪽.
178 "최고 레벨 주민은 다른 누군가에게 창조되지 않는다(전 우주의 신이 창조한 경우만 예외)."(Chalmers, 2022, 134쪽)
179 "이 연쇄 고리의 정상에는 시뮬레이션되지 않은 시뮬레이터가 있을까? 시뮬레이션되지 않은 현실을 가진 근본 바탕의 레벨이 존재해야만 한다는 것은 직관적으로 매우 분명한 사실이다."(Chalmers, 2022, 142쪽)
180 Chalmers, 2022, 85쪽.
181 그 대표적인 사례 가운데 하나는 '가스라이팅'이다.
182 Kant(1784).
183 의식의 문제를 다룬 자료는 다음과 같다. Koch 외 공저(2016), Koch(2020), Singer(2019), Irrgang(2014, 2021), Siekermann(2022).
184 예를 들어 '돌이 의식을 가질 수 있을까' 하는 문제는 문학과 철학에 맡겨두기로 하자.
185 Mayr(2004).
186 '선천적'이란 애초부터 주체 또는 대상이 가지는 특성, 나중에 부가되는 게 아닌 특성을 뜻한다. 서로 결합해 태아를 형성하는 정자와 난자만 하더라도

세계 관심을 가진다. 정자는 난자에 이르기 위해 정말이지 험난한 길을 걷는다. 난자 역시 정자에 세계 관심을 가진다.

187 2005년에 발표한 책 『왜 나는 네가 느끼는 것을 느낄까』에서 나는 생명체가 공명을 통해 관계를 맺으려 한다고 설명했다. 이를 비유적으로 표현한 것이 "살아 있는 시스템의 중력 법칙"이다. 내가 매우 높게 평가하는 독일 사회학자 하르트무트 로자(Hartmut Rosa)는 나중에 큰 성공을 거둔 자신의 책 『공명 Resonanz』에서 나의 이런 관점을 흔쾌히 받아들여 인용했다.

188 '세계 관심'이라는 말은 '무의식적인 의식'이라고 바꿔 표현할 수 있다.

189 Lagercrantz & Changuex(2009).

190 나의 책 『우리는 어떻게 우리가 되었나』를 볼 것.

191 자아의 발달을 다룬 나의 책은 『우리는 어떻게 우리가 되었나』이다.

192 Barsalou(2020).

193 이 각성 시스템을 '상행성 망상체 부활계'(Ascending Reticular Arousal System, ARAS)라고 한다. 이 신경계는 깨어 있을 때뿐만 아니라, 잠을 자는 동안에도 최저 수준으로 '작동'한다. 일종의 '영원한 빛'이랄까(해당 인물이 살아 있는 한). 'ARAS'는 의식의 필수조건이지만 충분조건은 아니다.

194 이 짧은, 덤불의 가지처럼 뻗은 신경세포를 가지돌기라고 한다.

195 이 '하나'의 긴 신경섬유는 축삭돌기라고 한다.

196 '마루관자 겉질'(Parietal-temporal-Cortex)은 두뇌 뒤쪽 반구의 상부 영역이다.

197 Koch(2020).

198 감각과 감정과 체험은 의식의 본질적인 요소이기 때문에, 예나 지금이나 신경과학의 의식 연구는 무엇보다도 오감에 초점을 맞추어왔다. 측정 기술에 비추어 시각이야말로 의식을 연구하는 데 가장 알맞은 감각이다. 그러나 시각에 초점을 맞추는 연구는 한 가지 어려움을 초래한다. 자신의 몸을 지각하는 일도 의식이다. 예를 들어 호흡, 심장박동, 근육의 긴장 또는 스트레스 경험은 시각 겉질의 측정으로는 알 수 없다. 그러나 자기 몸의 지각이야말로 의식 연구에 특별한 의미가 있다. 안타깝지만 몸의 경험은 감각보다 측정하기

가 훨씬 더 어렵다.
199 크리스토프와 그의 동료들은 이런 작동 원리를 "재진입 연결성"(re-entry-connectivity)이라고 부른다. 다음 자료를 볼 것. Koch 외 공저(2016).
200 Kouider 외 공저(2013). 물론 이 경우에도 관찰은 시각 시스템에서만 이뤄진다. 시각 시스템의 신경 피드백은 임신 5개월째에 이미 일어나는 것으로 확인된다. 이런 피드백은 분명 훨씬 더 이전에 생겨나는 것으로 보아야 한다. 태아가 탄생할 때 이미 기초 의식을 가진다는 점은 논란의 여지가 없는 사실이다 (Lagercrantz & Changeux, 2009).
201 몸의 지각은 그 밖에도 갈증, 배고픔, 요의, 똥 마려움, 피로감 등을 꼽을 수 있다.
202 Gray 외 공저(1989). Singer(1999). 그레이와 동료들은 볼프 징거가 이끈 연구팀에 참가해 이 논문을 썼다. 서로 떨어진 영역들이 진동으로 소통한다는 점은 무슨 형이상학이 아니다. 대뇌 겉질의 모든 영역은 서로 신경세포로 연결되어 있기 때문이다. 이런 하드웨어로 서로 연결되어 있다고 해서 이 신경세포라는 하드웨어의 작용으로만 융합이 일어나는 것은 아니라는 점이 전자진동의 확인이다.
203 이른바 '열린 그룹', 곧 개별 신호가 모여 이룬 그룹을 계속 빠져나가는 동시에 새로운 신호를 받아들여 의식을 이루는 신호들의 수는 어느 시점에서도 대략 같은 규모이다.
204 Koch(2020). "원인으로서의 힘"이란 "자기 자신과 다른 사람에게 영향을 주는 능력"이라고 의식 연구가 크리스토프 코흐는 설명한다. "그 자신으로 존재할 수 있기 위해 의식이라는 시스템은 자기 자신에게 원인으로서의 힘을 행사한다. (…) 의식의 현재 상태는 과거에 영향을 받고, 미래에 영향을 끼쳐야만 한다."
205 의식이 염증을 유발하는 실험 데이터는 나의 지난 저서 『공감하는 유전자 Das empathische Gen』(2021; 한국어판, 매일경제신문사, 2022)에서 다루었다.
206 Schino 외 공저(2023).

207　Singer(2019).
208　학술용어로 '신경세포'와 '뉴런'은 같은 것을 가리키는 동의어이다. 신경망은 신경세포가 서로 결합해 형성된다.
209　'인공 뉴런'은 계산값이다. 이런 계산값의 근원적인 모델은 1943년 워런 매클록(Warren McCulloch)과 월터 피츠(Walter Pitts)가 개발했다. 매클록과 피츠 모델의 세포는 여러 개의 입구(세포의 경우 이 입구는 가지돌기)를 가진다. 하지만 출구는 단 하나이다(세포의 경우 이 출구는 축삭돌기). 현대 인공신경망의 계산 모델은 매클록과 피츠의 것을 계속 발전시킨 것이다. 입구를 통해 인공 '신경세포'는 다양한 강도의 신호를 받아들인다. 이 신호는 그 값을 계산값(수치)으로 나타낼 수 있다. 이 신호의 값을 줄여 억제하는 것도 가능하다. 입구로 받아들인 자극은 서로 비교해 계산되어, 출력신호로 다음 층(layer)에 전달된다. 출력신호도 마찬가지로 계산값으로 표시된다. 이런 계산값(뉴런)은 컴퓨터 칩으로 물리적 이식이 가능하다.
210　이런 결합 모델이 가장 자주 이용되기는 하지만, 예외가 없는 것은 아니다. 원리적으로 한 층의 뉴런은 다음 층 또는 다다음 층의 뉴런 또는 그 일부와 결합한다. 그 이전 층과 결합이 이뤄질 수도 있다(순환 신경망recurrent neural network).
211　인공신경망에 입력될 수 있도록 데이터는 그에 알맞은 포맷으로 처리되어야 한다. 그래야만 신경망이 데이터를 받아들인다.
212　컴퓨터가 입력된 데이터를 가지고 맺어주는 관계는 무엇보다도 확률 관계이다. 무엇이 어떤 것과 한 편을 이룰까? 뭐가 무엇과 연관될까? 예를 들어 어떤 문자에 무슨 문자가, 어떤 단어에 무슨 단어가 따라붙을까?
213　현재 인공신경망 연구는 이 내부를 들여다보는 통찰을 얻으려는 쪽으로 이루어진다. 그러나 내부 시스템이 너무나 복잡한 나머지 연구는 한계에 봉착해 있다.
214　인공신경망은 저작권 보호를 받는 자료, 이를테면 출판사의 저작물에서도 엄청난 양의 '먹잇감'을 얻는다. 이렇게 해서 생겨나는 법적인 문제는 완전히 불투명한 상태로 남아 있다. 다음 신문 기사를 참조할 것. 〈FAZ〉, 2023년

2월 27일.
215 인공신경망이 작업하는 과정은 모든 측면에서 대단히 복잡하다. 나의 설명은 최대한 핵심만 추려 알기 쉽게 풀었다.
216 인공지능과 인공신경망을 다룬 나의 설명은 전문가의 검토를 받았다. 더 자세한 내용을 알고 싶은 독자는 다음 자료를 참고하기 바란다. Koch(2019), Mittelstadt 외 공저(2016), Spitzer(2021), Goerttler & Siebeck(2022), Grunwald(2022), Drechsler(2022), Lenzen(2019, 2022), Bender 외 공저(2021), Spiekermann(2022), Sharma 외 공저(2022).
217 챗GPT와 같은 생성형 인공지능 시스템이 '아주 작은 흔적일지라도 의식을 가진다'는 가설을 아헨공과대학교 인공지능학과 교수 홀거 호스(Holger Hoos)는 2023년 초 다보스에서 열린 세계경제포럼에서 "완전히 말도 안 되는 소리"라고 평가했다.
218 Simanowski(2022).
219 Sharma 외 공저(2022).
220 공명 주제는 2장을 볼 것.
221 지식의 발달은 주로 전혀 생각도 못 했던 새로운 발상에서 출발했다. 막스 플랑크(Max Planck)는 아비투어를 치르고 난 뒤 물리학 교수에게 물리학을 전공하고 싶다고 말했다고 한다. 그러자 교수는 손사래를 치며 말렸다. 중요한 모든 것은 이미 연구되었다면서. 1900년에 챗GPT는 양자역학의 기본 원리를 어떻게 평가했을까?
222 실제로 지구상 수많은 국가, 이를테면 영국, 이스라엘, 러시아 등지에서 정치체제를 불안하게 만들고 선거에 영향을 주는 전문적 서비스 업체가 창궐했다. 이 업체는 인공지능에 주로 의존한다. 이런 정황을 독일 시사주간지 〈슈피겔〉은 표지 기사로 다룰 정도로 중시했다(2023년 2월 18일).
223 Bender, Gebru 외 공저(2021).
224 현실이 사회적으로 공유하는 것이어야 한다는 요구는 처음에는 상식과 맞지 않는 것처럼 보일지라도 자연과학의 측정에도 그대로 적용된다! 측정 결과가 '객관성'을 확보할 수 있으려면, 되도록 많은 과학자의 일치하는 지각이 필수

적이다. 바로 이런 이유로 과학의 표준은 실험을 다른 과학자가 계속 반복해서 같은 성과가 나와야 한다고 규정한다.
225 Asch(1956).
226 오비디우스는 고대 로마의 시인으로 기원전 43년에 태어나 서기 17년에 죽었다.
227 전설은 나르키소스가 왜 사랑할 줄도, 받을 줄도 몰랐는지 그 원인을 이야기하지 않는다. 하지만 몇 가지 암시는 준다. 나르키소스의 어머니는 강의 신에게 강간당해 그를 임신했다. 이런 암시로 미루어볼 때 폭력적인 아버지와 불행한 운명으로 신음한 어머니가 아이에게 사랑받는 어린 시절을 누리지 못하게 해준 것이 그 원인으로 보인다.
228 Krizan & Herlache(2017), Edershile & Wright(2021).
229 이런 전형적인 성장 과정을 인상 깊게 묘사한 사람은 여성 임상 심리학자 메리 트럼프이다. 그녀는 삼촌 도널드 트럼프를 분석 대상으로 삼았다(Mary L. Trump, 2020).
230 유전자(Genome)의 진화와 그 작용 원리를 나는 『협력하는 유전자』에서 다루었다. 나는 젊은 시절 오랫동안 유전자 연구에 종사했다.
231 당연히 나는 유전자 연구를 계속해, 예를 들어 정확히 목적에 맞춰 유전자에 간섭함으로써 특정 질병의 유전을 막을 수 있기를 희망한다. 그러나 이런 종류의 간섭은 고도의 전문성을 요구하는 대단히 위험한 작업이다. 이런 지난한 작업을 선전·선동에 활용한다는 것은 말이 되지 않는 이야기다.
232 Friedrich Schiller, 『송가Ode』(1785).
233 Rumpf & Koll(2017), Spitzer(2022b).
234 이미 '코로나19 팬데믹'은 우리 인류가 얼마나 어리석고 무지한지 분명히 보여주었다. 학문 연구는 오래전부터 분명하게 팬데믹을 예견해왔지만, 우리는 이런 경고를 그저 간단히 무시했다(이와 관련한 자세한 내용은 나의 책 『세계가 느끼는 것을 느끼자』를 볼 것). 많은 과학자는 태양풍이나 태양 에너지 폭발로 인터넷이 장기간 끊어질 때 훨씬 더 심각한 폐해가 발생할 것이라고 본다.

235 관련 기사는 많지만, 〈슈피겔〉의 "인공지능, 새로운 세계 권력KI. Die neue Weltmacht"은 꼭 한 번 읽어보기를 바란다.
236 모든 아동, 특히 이주민 가정의 아동에게 언어와 사회감정의 좋은 발달을 보장하기 위해 보육원 또는 유치원의 등원 나이를 3~4세로 하자고 나는 제안한다.
237 Bauer 외 공저(2006, 2007). Bauer(2007). Unterbrink 외 공저(2007, 2008, 2010). Rose 외 공저(2010). Zimmermann 외 공저(2011). Braeunig 외 공저(2018). Münchhausen 외 공저(2021). 내가 쓴 『학교를 칭찬하라Lob der Schule』(한국어판, 궁리, 2009)도 읽어볼 것.
238 학생의 인지 능력 발달에 교사의 현재가 미치는 영향을 다룬 최신 연구는 Breit 외 공저(2023)이다.
239 책의 제목은 『노동: 왜 노동은 우리를 행복하거나 병들게 만들까』(2015)이다.
240 '산업 1.0' 시대는 대략 1800년경에 시작했으며, 최초의 기계(증기기관), 베틀, 기계 생산설비를 이용해 노동했다. 그때는 석탄을 캐고 중공업이 막을 올린 시기였다. '산업 2.0'은 19세기 말쯤 전기를 에너지원으로 쓰기 시작한 것을 가리킨다. '산업 2.0'과 더불어 자동차 제작과 컨베이어벨트 작업 그리고 도급 노동이 출현했다. '산업 3.0' 시대는 20세기 중반에 컴퓨터의 도입과 현대식 기계의 출현(생산 기계와 소비자용 가전제품)을 특징으로 한다. '산업 4.0'은 디지털 시대로 생산 과정의 전자 설비와 로봇 공학이 그 특징이다.
241 균형이라는 요소를 파악하기 위해 개발된 연구 방법은 노동 심리학자인 스위스 태생으로 뒤셀도르프대학교의 교수를 지낸 요하네스 지그리스트(Johannes Siegrist)가 고안한 '노력-보상-불균형'(Effort-Reward-Imbalance, ERI) 검사이다. 나의 연구팀도 오랫동안 이 방법을 써왔다.
242 인류의 정착, 이른바 '신석기 혁명'과 이와 관련한 인류학 문제를 살피기 위해 나는 10년째 고고학자와 협력해왔다. Bauer & Benz(2013). Benz & Bauer (2021).
243 자연과 인간의 관계를 나는 『세계가 느끼는 것을 느끼자』(2023)에서 자세히 다뤘다.

244 Lederbogen 외 공저(2011), Bratman 외 공저(2015), Tost 외 공저(2015, 2019), Marselle 외 공저(2020).
245 대도시에서 태어나 자란 사람은 농촌에 사는 사람에 비해 조현병에 걸릴 확률이 300퍼센트 더 높다.
246 몸의 기본 설계는 무정형(예: 해면체), 방사형 대칭(예: 불가사리), 좌우 대칭형(예: 어류, 파충류, 포유류)이 대표적이다. 진화를 현대의 유전자 연구에서 살핀 나의 책은『협력하는 유전자』(2010)이다.
247 '천연 유전공학'이라는 개념은 미국 시카고대학교의 분자생물학 교수 제임스 샤피로(James Shapiro)가 만들어냈다. Shapiro(2011, 2022). 유전형질이 스스로 변화할 능력을 갖췄다는 것을 발견한 사람은 미국의 여성 세포유전학자 바버라 매클린톡(Barbara McClintock, 1902~1992)이다. 그녀의 연구 성과를 두고 남성 동료들은 오랫동안 적대적인 태도를 보였다. 미국 분자생물학자 조슈아 레더버그(Joshua Lederberg, 1925~2008)는 매클린톡을 두고 이렇게 말했다. "이 여성은 미쳤거나 천재이다." 매클린톡은 1983년에 노벨상을 받았다.
248 예를 들어 우리가 오늘날의 침팬지와 공통으로 가지는 선조에서 인간이 발달할 수 있었던 것이 바로 이 유전자 복제 덕분이다. 미국 워싱턴대학교의 탁월한 유전학자 에번 아이클러(Evan Eichler)는 이 복제로 인간의 두뇌가 발달했음을 밝혀냈다. '천연 유전공학'을 자세히 알고 싶은 독자는 나의 책『협력하는 유전자』를 참조할 것.
249 이 세포를 진핵세포라고 부른다.
250 '생물내공생'의 테두리 안에서 고세균 안에 받아들여진 박테리아는 세포의 '에너지 생산 공장'인 미토콘드리아가 되었다.
251 선택과 집중이라는 원리는 근본적으로 태초부터 엄연히 존재했지만, 결코 노골적이지 않았다. 생명력이 없는 새로운 변종을 무조건 밀어내려 하지 않고 어느 정도 시간이 흐르는 동안 선택의 과정을 통해 자연스레 도태되게 만든 것이 이 원리의 작용 방식이다. 관련 연구 문헌은 이것을 두고 "도착시 사망"(Dead on arrival)이라고 표현한다. 응급실에 실려온 환자가 이미 사망한

경우에 빗댄 표현이다.
252 Malthus(1798).
253 Kropotkin(1902).
254 지그문트 프로이트가 죽음본능과 공격본능이라는 표현을 처음 쓴 때는 1920년, 곧 제1차세계대전의 패망을 목격한 직후였다. 그는 전쟁이 터질 때만 하더라도 이를 환영했었다. 콘라트 로렌츠는 자신의 책 『이른바 사악함 Das sogenannte Böse』에서 공격본능을 인간의 근본 동기로 설명하면서 이런 확신을 품게 된 근거로 프로이트를 꼽았다. 인종차별주의와 공격본능 개념이 생겨난 배경을 나는 『가능성이라는 원리: 왜 인간은 협력 본성을 가질까』(2008)에서 다루었다. 이 책에서 나는 다윈이 공격성을 바라본 관점도 그 원전을 밝혀가며 설명했다.
255 공격성과 나름대로 원인을 가진 사이코패스 공격성은 나의 책 『아픔의 한계: 일상 폭력과 글로벌 폭력의 근원』, 『협력하는 유전자』(2013)에서 다루었다.
256 Holt-Lunstad 외 공저(2010).
257 이른바 '사회 유전학', 유전자들이 사회 차원에서 어떤 변화를 유발하는지 연구하는 학문의 최신 연구 성과를 정리한 나의 책은 『공감하는 유전자』(2021)이다.

옮긴이 **김희상**
성균관대학교와 같은 학교 대학원에서 철학을 전공했다. 독일 뮌헨의 루트비히 막시밀리안 대학교와 베를린 자유대학교에서 헤겔 이후의 계몽주의 철학을 연구했다. 『미드라이프 마인드』, 『늙어감에 대하여』, 『사랑은 왜 아픈가』, 『존재의 박물관』 등 100여 권의 책을 번역했다. 어린이 철학책 『생각의 힘을 키우는 주니어 철학』을 집필·출간했다. '인문학 올바로 읽기'라는 주제로 강연과 독서 모임을 활발히 펼치고 있다.

현실 없는 현실

초판 인쇄 2024년 2월 19일
초판 발행 2024년 3월 4일

지은이 요아힘 바우어
옮긴이 김희상

펴낸곳 복복서가㈜
출판등록 2019년 11월 12일 제2019-000101호
주소 03720 서울특별시 서대문구 연희로 28길 3
홈페이지 www.bokbokseoga.co.kr
전자우편 edit@bokbokseoga.com
마케팅 문의 031) 955-2689

ISBN 979-11-91114-57-7 03180

이 책의 판권은 지은이와 복복서가에 있습니다.
이 책 내용의 전부 또는 일부를 재사용하려면 반드시 양측의 서면 동의를 받아야 합니다.

잘못된 책은 구입하신 서점에서 교환해드립니다.
기타 교환 문의 031) 955-2661, 3580